LE 5ᵉ CORPS

DE

L'ARMÉE D'ITALIE

EN 1859

PAR

LE BARON ROBERT DU CASSE

PARIS

ANCIENNE LIBRAIRIE GERMER BAILLIÈRE et Cᵉ

FÉLIX ALCAN, Éditeur

108, BOULEVARD SAINT-GERMAIN

AU COIN DE LA RUE HAUTEFEUILLE

1898

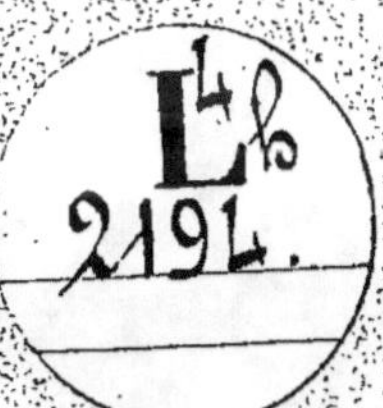

LE 5ᵉ CORPS

DE

L'ARMÉE D'ITALIE

EN 1859

PAR

LE BARON ROBERT DU CASSE

❈

PARIS

ANCIENNE LIBRAIRIE GERMER BAILLIÈRE ᴇᴛ Cⁱᵉ

FÉLIX ALCAN, Éditeur

108, BOULEVARD SAINT-GERMAIN

AU COIN DE LA RUE HAUTEFEUILLE

1898

LE

5ᴱ CORPS DE L'ARMÉE D'ITALIE

EN 1859.

En 1859, le 5ᵉ corps de l'armée d'Italie rendit de réels services; ils n'ont jamais été mis en lumière; ils ont même été plutôt méconnus par les contemporains. La véritable impopularité dont était l'objet, à tort ou à raison, le commandant en chef prince Napoléon[1] fut sans doute pour beaucoup dans le déni de justice de l'opinion publique.

Mon père ayant fait partie de ce corps d'armée, j'ai trouvé dans ses papiers des notes et des renseignements susceptibles de faire connaître avec exactitude le rôle du 5ᵉ corps.

Par suite de circonstances toutes personnelles, mon père rejoignit assez tardivement l'armée expéditionnaire. Il avait pourtant demandé un des premiers à faire la campagne, avant même la déclaration de guerre. — Lorsqu'elle eut été déclarée, le général comte de Tascher La Pagerie, grand maître de la maison de l'impératrice, avec lequel mon père était en relations journalières pour la rédaction des Mémoires du prince Eugène de Beauharnais[2], engagea mon père à se faire attacher au grand état-major général.

« Il faut qu'on vous place, lui dit-il, à la section historique et politique; vos aptitudes vous mettent à même d'y rendre de grands services; du reste, il n'y a qu'à signaler la chose à l'em-

---

1. Aux griefs nés de la conduite prêtée au prince pendant l'expédition de Crimée s'ajoutait le reproche d'avoir poussé à la guerre en 1859, pour amener l'agrandissement des États du roi, son beau-père, avec peut-être le secret espoir de cueillir lui-même une couronne sous le beau ciel d'Italie où avaient été rois ses oncles Murat et Joseph.

2. Le général de Tascher La Pagerie était parent du prince Eugène, fils d'une Tascher (l'impératrice Joséphine).

pereur ; il sait que vous êtes l'auteur du Mémoire sur les États italiens qu'il m'avait demandé et que je lui ai remis récemment, dont il a été fort satisfait. Sa Majesté sera trop heureuse de vous avoir à son état-major général. Je vais lui écrire à ce sujet pour fixer son attention. »

Séance tenante, le général Tascher écrivit à l'empereur, puis, la lettre expédiée, il se retourna vers mon père en lui disant :

« C'est demain dimanche ; allez à la chapelle du château et, à l'issue de la messe, vous causerez de votre affaire avec l'empereur. »

Sous le second empire, le chef de l'État recevait après la messe, dans la grande galerie faisant suite à la chapelle des Tuileries, tous les officiers généraux et supérieurs qui s'y présentaient.

Le jour suivant, mon père se rendit au château, s'attendant à recevoir de la bouche du souverain la confirmation de sa nomination.

Précédé du maréchal Magnan, commandant de l'armée de Paris, et du grand chambellan duc de Bassano, chargés de nommer les officiers présents, Napoléon III arriva devant mon père :

« Bonjour Du Casse ; j'ai reçu de Tascher une lettre qui vous concerne. Ce serait avec plaisir, mais j'ai tellement de demandes que cela me sera impossible. »

Mon père, qui venait pour remercier, surpris et froissé du refus, pâlit et ne put s'empêcher de répondre à haute voix :

« Sire, je ne m'attendais pas à cette parole de V. M. Depuis plusieurs années déjà Elle avait daigné promettre qu'un des premiers officiers qu'Elle attacherait à sa personne serait le gendre du général Girard, blessé mortellement à Ligny le 16 juin 1815, en assurant la dernière victoire de l'Empire. V. M. l'a oublié. Je le regrette. »

Voici à quoi mon père faisait allusion. Peu de temps après le rétablissement de l'Empire s'était posée la question de la reconnaissance en bloc des titres, dignités, pensions accordés pendant les Cent jours. Le comte de Casabianca, ministre d'État, chargé d'élucider la question, excellent homme de beaucoup de valeur et de mérite, mais cachant sous des dehors affables d'extrême aménité, d'exquise courtoisie, un rigorisme d'une austérité sans borne, faisant du népotisme à rebours, c'est-à-dire au détriment des siens, avait conclu contre la reconnaissance des faits, reconnaissance qui aurait entraîné le paiement des arrérages considérables de juillet 1815 à juillet 1830. L'adoption des conclusions du comte de Casabianca avait comme résultat la non reconnaissance de la dignité de duc de Ligny conférée au général Girard le 21 juin 1815, et la perte, pour ses enfants, des arrérages de la pension à titre de récompense nationale votée par les Chambres le 25 juin 1815 à la veuve du général, pension qui n'avait jamais été payée.

Napoléon III, en se rangeant à l'avis du comte de Casabianca, le chargea d'annoncer officiellement de sa part à la famille du général Girard, duc de Ligny, que le premier officier d'ordonnance qu'il prendrait serait le capitaine Du Casse, gendre du général.

Après s'être respectueusement incliné (tandis que l'empereur, frisant sa moustache sans rien dire, passait à un autre officier), mon père se retirait lorsqu'il fut rejoint par le maréchal Magnan :

« Ah ! çà, mon cher commandant, êtes-vous fou ?

— Hé bien quoi, monsieur le maréchal, quand votre empereur entendrait la vérité une fois par hasard, où serait le mal? Du reste, il ne s'agit pas de moi. Je ferai la campagne dans n'importe quelle condition. »

Puis traversant la cour des Tuileries, mon père entra conter sa mésaventure au comte Tascher, qui s'en montra fort surpris.

Resté quelques jours sans recevoir de destination, puis nommé chef d'état-major de la division Uhrich, mon père reçut l'ordre de surseoir à son départ. Enfin, le 27 mai, il reçut une lettre de service l'enlevant de la division Uhrich pour l'accréditer à l'état-major général du 5e corps en remplacement du lieutenant-colonel Faure.

Le 29 mai, mon père quitta l'hôtel des Invalides et son gouverneur le général (plus tard maréchal) d'Ornano, dont il était l'aide de camp. Il fit route pour Marseille avec le lieutenant-colonel Aymard, du 61e de ligne, qui allait rejoindre à la division de Ladmirault, et voulut bien se charger de remettre au général Cler les premiers exemplaires de l'ouvrage, fruit de la collaboration des deux camarades de Saint-Cyr, Cler et Du Casse : *Souvenirs d'un officier du 2e zouaves*. Le général reçut ce livre deux ou trois jours avant Magenta et n'eut pas le temps d'en accuser réception à mon père.

Arrivé le 31 mai à Marseille, à quatre heures de l'après-midi, mon père reçut à six heures ses chevaux et son ordonnance, les premiers affamés, le second tellement malade que mon père dut le conduire à l'hôpital et mener lui-même en main ses trois chevaux à un quartier de cavalerie distant de la gare d'environ six kilomètres.

Dès le lendemain 1ᵉʳ juin, à la première heure, mon père fut trouver le général, qui commandait la division territoriale, d'Aurelles de Paladines pour obtenir l'autorisation de prendre dans la garnison un remplaçant à son ordonnance malade. Bien que fort raide dans le service, le futur vainqueur de Coulmiers apporta une bonne grâce relative dans cette affaire, et mon père, le jour suivant 2 juin, s'embarqua sur l'aviso *le Vatican* à destination de Livourne.

Le corps d'armée (dont mon père allait rejoindre l'état-major général) était déjà presque en entier passé dans la péninsule.

L'armée d'Italie comprenait cinq corps d'armée :

Le premier corps commandé par le maréchal comte Baraguey-d'Hilliers ;

Le second par le général comte de Mac-Mahon ;

Le troisième par le maréchal Canrobert ;

Le quatrième par le maréchal comte Niel ;

Le cinquième enfin sous les ordres du prince Napoléon (Jérôme).

La composition du 5ᵉ corps était la suivante :

Aides de camp du général en chef : le colonel d'état-major de Franconnière, le commandant Ferri-Pisani, le commandant Clère, le chef de bataillon du génie Ragon.

Officiers d'ordonnance : le capitaine de cavalerie Ravel, le capitaine d'infanterie Blum, le capitaine de frégate Georgette du Buisson, le lieutenant de dragons de Chérisey, le lieutenant Villot, le sous-lieutenant de cavalerie de Teulières, faisant fonctions d'écuyer.

Chef d'état-major général du corps d'armée : le général marquis de Beaufort d'Hautpoul.

Sous-chef d'état-major : le lieutenant-colonel Henry.

Officiers d'état-major : le commandant Du Casse, les capitaines Hubert de Castex, de Châtillon et Tiersonnier.

Officier étranger attaché à l'état-major général : le lieutenant toscan de Corsi.

Artillerie : commandant, le général de brigade Fiereck ; chef d'état-major, le colonel de Vercly.

Génie : commandant, le général de brigade Coffinières de Nordeck.

Intendance : l'intendant militaire Moisey.

Gendarmerie : prévôt, le commandant Mancini.

Service religieux : aumônier, l'abbé Doussot.

1ʳᵉ division d'infanterie : commandant la division, le général d'Autemarre d'Ervillé.

Aides de camp : les capitaines d'état-major Tissier, Lafouge ; officier d'ordonnance : le lieutenant Bocher, détaché du 3ᵉ de zouaves.

Chef d'état-major : le lieutenant-colonel de Sulseau-Malroy.

Officiers d'état-major : le commandant Wenger et le capitaine de Divonne.

Commandant l'artillerie : le chef d'escadron Collard.

Commandant le génie : le chef de bataillon Fervel.

Intendance : le sous-intendant Le Creurer, l'adjoint Audenard.

Prévôt : le capitaine Vesco.

1ʳᵉ brigade (général Nègre, aide de camp le capitaine Linet) : 3ᵉ de zouaves, 25ᵉ et 89ᵉ de ligne, colonels de Chabron, de Lestellet et Pelletier de Montmarie.

2ᵉ brigade (général Corréard) : 93ᵉ et 99ᵉ de ligne, colonels de Bellefonds et L'Hérillier.

2ᵉ division : général Uhrich ; aides de camp, les capitaines de la Haye, Samuel et de Chabannes.

Chef d'état-major : le colonel Regnard ; attachés à l'état-major, les capitaines Guillet et Renouard.

Commandant l'artillerie : le commandant d'Ubexi.

Commandant le génie : le commandant de Courville.

Prévôt : le capitaine de gendarmerie Shisne.

1ʳᵉ brigade (général Grandchamp ; aide de camp, le capitaine de Bresson ; officier d'ordonnance, le lieutenant Dariot) : 14ᵉ bataillon de chasseurs à pied, commandant Séverin ; 18ᵉ et 26ᵉ de ligne, colonels d'Auteroche et de Sorbiers.

2ᵉ brigade (général Cauvin du Bourguet ; aide de camp, le capitaine Jeanjean) : 80ᵉ et 82ᵉ de ligne, colonels Chardon de Chaumont et Becquet de Sonnay.

Artillerie divisionnaire : 13ᵉ batterie du 7ᵉ régiment, 13ᵉ du 8ᵉ ; 5ᵉ et 6ᵉ batteries du 9ᵉ régiment : quatre batteries de réserve.

Génie : une compagnie du 2ᵉ régiment, deux du 3ᵉ.

Brigade de cavalerie, le général de Lapérouse : 6ᵉ et 8ᵉ hussards.

Le chef d'état-major général du 5ᵉ corps, le marquis de Beaufort d'Hautpoul, fort connu de l'armée d'Afrique où il avait servi longtemps et brillamment sous le gouvernement de Juillet, approchant de près les princes, devint par la suite divisionnaire et est mort après avoir commandé en chef l'expédition de Syrie.

Le colonel Henry, devenu brigadier, est mort au cadre de réserve.

Le capitaine Hubert de Castex, de la même famille que le célèbre général de ce nom, est devenu lui aussi officier général. Lors de la suppression du corps d'état-major, versé, par décision du général Farre, dans l'arme de la cavalerie, aussi brillant officier de cavalerie qu'il avait été brillant officier d'état-major, intempestivement retraité comme général de brigade par M. de Freycinet au moment où toute l'armée attendait sa promotion de divisionnaire, le général de Castex est toujours plein de verdeur, très apte à faire campagne de nouveau.

Les commandants de l'artillerie et du génie, Fiereck et Coffinières de Nordeck, sont devenus tous deux divisionnaires; le second a joué un rôle qui l'a mis en évidence à l'armée de Metz.

Le général d'Autemarre d'Ervillé, devenu, croyons-nous, sénateur, est mort depuis longtemps déjà.

Son officier d'ordonnance, le lieutenant Bocher, de la célèbre famille de ce nom, qui a marqué dans les fastes politiques et parlementaires contemporains après avoir fourni une belle et vigoureuse carrière, est mort général de division, laissant un fils, brillant officier d'infanterie de marine, décoré, l'un des plus jeunes de l'armée française, pour faits de guerre à la prise de Diéné pendant la campagne du Soudan.

La plupart des chefs de corps de la division d'Autemarre sont devenus officiers généraux : les colonels de Chabron, de Montmarie, L'Hérillier.

Le commandant de la 2ᵉ division, le général Uhrich, était issu d'une famille alsacienne essentiellement militaire, fils d'un officier supérieur du génie de la fin du XVIIIᵉ siècle, frère d'un intendant militaire et d'un colonel, aussi connu par ses beaux états de service que par une singulière blessure. Le général Uhrich, dont on pourrait répéter avec justesse le mot de Napoléon Iᵉʳ sur

Girard, *petit de corps mais grand de cœur*, devait dix ans
plus tard jeter un lustre immortel sur son nom, indissolublement
lié désormais à celui de Strasbourg et au souvenir de la glorieuse
défense de cette ville.

Le commandant de sa 1ʳᵉ brigade, le général Grandchamp,
dont la figure balafrée est un de mes plus vivaces souvenirs d'en-
fance, était un homme superbe, de taille élancée, d'aspect mar-
tial, aimable et bienveillant, adoré du soldat. Étant capitaine, il
avait été fait prisonnier en Afrique par un parti arabe avec sa
compagnie. Sa tête avait servi de billot aux Arabes pour couper
le cou de vingt-deux de ses camarades. Lorsque vint son tour
d'être décapité, les Arabes, « dans ce mélange affreux d'os et de
chairs meurtries, » ne surent trouver où faire la section du col,
opération en laquelle ils sont pourtant si experts, et laissèrent le
capitaine de Grandchamp pour mort, sur place. Trouvé quelques
heures plus tard par les troupes françaises, sur le point d'être
enterré, il reprit connaissance. Un chirurgien militaire lui
épingla la figure au moyen d'un nombre invraisemblable d'ai-
guilles. Je connais ce nombre, je ne l'écrirai pas ici pour ne point
être traité de romancier. La figure de M. de Grandchamp, par
la dextérité du chirurgien, avait été reconstituée dans son entier.
Couturée en tous sens, elle présentait l'aspect le plus singulier
qui se puisse imaginer, étrange au point d'impressionner.

Je vis souvent le bon général au camp de Boulogne, quand il
était un des deux brigadiers et mon père le chef d'état-major de
la division Uhrich. J'étais bien enfant alors et néanmoins la phy-
sionomie de M. de Grandchamp ne s'effacera jamais de ma
mémoire.

Le colonel Becquet de Sonnay, solide et vigoureux soldat, est
devenu officier général comme les deux colonels du général de
Lapérouse, MM. de Valabrègne et de Fontenoy.

L'empereur et le prince Napoléon débarquèrent à Gênes le
12 mai. — Le lendemain 13, un télégramme leur annonçait la
présence sur la Trebbia, à Bobbio (trois étapes de Gênes), dans
les montagnes, à l'est, d'un corps de 1,500 Autrichiens. Ordre
fut aussitôt donné de former une colonne composée du 3ᵉ de
zouaves, d'une compagnie de sapeurs du génie, d'une section
d'artillerie de montagne sarde et de diriger cette colonne sur
Bobbio, sous le commandement du colonel de Chabron. Le 14, à
sept heures du matin, le prince Napoléon passa en revue ces

troupes[1], qui se mirent en marche à huit heures et demie. Elles devaient coucher le même jour à Torriglia, le 15 à Ottone et être rendues le 16 à Bobbio. Cette colonne comptait dans ses rangs le capitaine de l'état-major général du 5e corps Hubert de Castex, un capitaine d'artillerie et le sous-intendant militaire Le Breton.

A trois heures de l'après-midi, un convoi de vivres et de munitions, escorté par deux sections du 3e de zouaves, partit également de Gênes, sous la direction du sous-intendant Le Creurer, de la division d'Autemarre. Le 16 également, l'empereur, accompagné du grand état-major, se rendit à Alexandrie, où il établit son quartier général impérial; il laissait à Gênes son cousin le prince Napoléon, qui devait y rallier l'état-major, les généraux, les troupes de son corps d'armée.

La colonne de Chabron (du 5e corps) rencontrait de pénibles difficultés à l'accomplissement de sa mission.

Des chemins détestables dans la montagne et un temps affreux n'avaient pas permis au 3e de zouaves de faire plus de douze kilomètres le premier jour. Il avait dû bivouaquer à Prato. Le 14 au soir, le colonel Chabron fit demander au commissaire royal sarde cent mulets de réquisition qui partirent pour Prato, le 15 au matin, sous la direction d'un des officiers d'ordonnance du prince, le lieutenant Villot.

Le même jour 15, le colonel de Chabron se remit en route et fit demander quatre-vingts autres mulets, qui partirent le lendemain 16, au point du jour.

L'empereur envoya à Bobbio un de ses aides de camp, le colonel d'état-major Waubert de Genlis, avec ordre de l'informer directement de la situation des choses.

L'armée alliée occupait alors les positions suivantes :

Les Sardes à Casale, Borgo-San-Martino et Ciarole, avec avant-postes sur la rive gauche du Pô, en avant de Casale. Quartier général à Occimiano.

Le 1er corps français (Baraguey d'Hilliers) à Voghera, Casei, Castelnuovo di Scrivia, les avant-postes au delà de Voghera et de Casei, ainsi qu'une brigade de cavalerie sarde. Quartier général à Pontecurone.

Le 2e corps (Mac-Mahon) entre Castelnuovo di Scrivia et Riverone (où un pont devait être jeté sur le Tanaro), se reliant par

---

1. Ce fut la seule revue que le prince passa.

sa droite au 1ᵉʳ corps et par sa gauche aux Sardes, avec une brigade de cavalerie sarde sur son front. Quartier général à Sale.

Le 3ᵉ corps (Canrobert) une division entre Pontecurone et Tortone, une autre entre Sale et Tortone (seconde ligne). Quartier général à Tortone, avec ordre de construire un pont sur la Scrivia pour pouvoir, au besoin, réunir les deux divisions occupant les routes de Sale et de Pontecurone, sa cavalerie près de Tortone pour assurer la communication avec le grand quartier général.

Le 4ᵉ corps (Niel) une division à Valenza, une à Pecetto, gardant le pont de Riverone. Quartier général à San Salvatore. La garde impériale à Alexandrie, avec une brigade à Castel-Ceriolo et à Marengo.

Le 16 avril, le général d'Autemarre, son chef d'état-major, colonel de Sulseau-Malroy, et le général Nègre, commandant la 1ʳᵒ brigade, débarquèrent à Gênes. Le général Corréard, commandant la 2ᵉ brigade, arriva le lendemain.

Une dépêche du colonel de Chabron annonça que les Autrichiens avaient quitté Bobbio.

Le 17 mai, le prince Napoléon se disposait à partir pour se rapprocher de l'armée avec sa première division, lorsqu'un officier d'ordonnance de l'empereur, le prince Murat, lui apporta l'ordre de s'embarquer pour Livourne et de là gagner Florence avec la division Uhrich, mise en route directement de France vers cette destination. Le commandant du 5ᵉ corps, dès le lendemain matin 18, se rendit auprès de l'empereur à Alexandrie, afin d'obtenir de Napoléon III que le 5ᵉ corps ne se séparât pas du gros de l'armée et que l'opération sur Florence et les duchés fût confiée à un autre officier général. Les instances furent des plus vives, mais vaines ; l'empereur tint bon, déclarant ne pouvoir remettre en d'autres mains qu'en celles de son cousin un mouvement qui était au moins autant une mission politique et diplomatique de la plus haute importance qu'une opération militaire.

La diversion sur les duchés était habile. Le 5ᵉ corps comptait seulement à son actif deux divisions d'infanterie et une brigade de cavalerie légère, mais une artillerie formidable, neuf batteries de campagne du nouveau modèle, artillerie hors de proportion avec l'effectif des troupes. La première division allait être distraite et se trouvait en partie déjà engagée.

Le but était de faire croire à l'ennemi qu'un corps possédant ce matériel et ayant à sa tête un prince de la famille impériale était de force à tenir tête à toutes les forces autrichiennes occupant Florence, Parme, Plaisance et les duchés. Le corps du prince Napoléon, qu'on allait augmenter des forces toscanes et romagnoles, devait prendre aux yeux de l'ennemi des proportions considérables, retenir et annihiler une partie de l'armée autrichienne et aider au soulèvement des duchés. Ces prévisions se réalisèrent en effet. L'empereur avait bien calculé et jugé avec raison que la présence de son cousin dans les pays cispadans produirait les meilleurs effets, sans distraire beaucoup de forces de l'armée alliée. Napoléon III était-il bien aise aussi de tenir éloigné son cousin? c'est possible. Quoi qu'il en soit, le prince Napoléon revint à Gênes, très contrarié du rôle qui lui échéait, fort ennuyé de la mission qui lui était confiée. La division Uhrich avait reçu l'ordre en France d'embarquer directement pour Livourne, d'où elle devait se rendre à Florence avec la brigade de cavalerie légère du général de Lapérouse.

La division d'Autemarre, mise à la disposition du maréchal Baraguey-d'Hilliers, reçut l'ordre de gagner Voghera à l'extrême droite de la ligne. Il ne resta plus au prince Napoléon que les deux brigades d'infanterie du général Uhrich et la brigade de cavalerie Lapérouse, mais il conservait tout son matériel d'artillerie. Il devait, en plus, augmenter ses forces par l'adjonction des corps italiens en voie de formation, sous les ordres du général toscan Jean d'Ulloa et du général napolitain Mezzacapo.

L'effectif de la division Ulloa était sur le papier de douze mille fantassins et douze cents chevaux, Mezzacapo devait avoir six mille combattants. En réalité, il n'y avait pas dans les deux divisions trois mille hommes de troupe. Mal armés, mal habillés, à peine chaussés, peu aguerris, peu disciplinés, ils n'étaient bons à rien qu'à embarrasser la marche du 5ᵉ corps, véritables *impedimenta* gênants et nuisibles.

A l'exception de trois à quatre escadrons de carabiniers (anciens gendarmes toscans) assez bien montés, le reste n'était bon qu'à entraver les opérations et à faire tomber aux mains de l'ennemi les armes qu'on était obligé de leur fournir.

Le prince, contraint de gagner Livourne et Florence, donna l'ordre, le 18 mai, au général Coffinières de Nordeck de se rendre le 19 à Livourne pour préparer la marche des troupes.

Le général était porteur d'une lettre adressée par le prince au commissaire extraordinaire de Victor-Emmanuel à Florence, dans laquelle il déclarait qu'il venait en Toscane, sans visées politiques, pour la simple conduite d'opérations militaires.

Le 19 mai, le général d'Autemarre fut prendre à Alexandrie les ordres de l'empereur, et le 75ᵉ de ligne se rendit par les voies ferrées à Voghera. Ce même jour, le général Coffinières, son personnel, l'adjoint à l'intendance d'Audemard montèrent à bord du *Sahel.* Le *François Iᵉʳ* embarqua en même temps une compagnie du génie, les deux bâtiments appareillant de conserve pour Livourne.

L'ordre fut expédié au colonel de Chabron de renvoyer à l'état-major général le capitaine de Castex et de correspondre directement, à l'avenir, avec son général de division à Voghera. Les mouvements de troupes du 5ᵉ corps continuèrent les jours suivants. Le 20, le transport l'*Amérique* embarqua pour Livourne divers détachements ; le même jour débarquait à Gênes le lieutenant-colonel Hue de Mathan avec plusieurs escadrons du 8ᵉ hussards. Les généraux d'Autemarre et Nègre se rendirent à Voghera, ville en avant de laquelle avait eu lieu la veille la bataille de Montebello, si glorieuse pour la division Forey. Pendant cette belle journée du 19 mai, un bataillon du 93ᵉ de ligne de la division d'Autemarre, de passage à Voghera, entendant le canon, s'était porté spontanément sur le champ de bataille. Arrivé à Fossagozza et dirigé sur la brigade Blanchard, il avait reçu la garde d'un poste important et du chemin de fer.

Le lendemain 21 mai, à cinq heures du soir, le bâtiment le *Panama* chauffa pour Livourne, ayant à son bord le colonel de Mathan et ses hussards, les ambulances (matériel et personnel) du quartier général du 5ᵉ corps et de la division Uhrich.

Enfin, le 22, le prince de sa personne embarqua avec son état-major sur la *Reine-Hortense;* les chevaux, ainsi que le personnel de l'intendance et de la gendarmerie, montèrent sur le *Thouars.*

Le 23, à neuf heures du matin, les deux navires pénétrèrent dans le port de Livourne. Les autorités se rendirent à bord du yacht impérial et furent admises en présence du prince. Puis à midi entrée triomphale dans la ville.

La veille et le matin étaient arrivés dans la ville : le colonel de Franconnière, premier aide de camp, le colonel Henry, le capitaine de Châtillon, de l'état-major général, le 14e bataillon de chasseurs à pied et un bataillon du 18e de ligne.

Le 24, le général de Grandchamp, commandant la 1re brigade, débarqua avec le 26e de ligne et les deux derniers bataillons du 18e de ligne amenés par le *Charles-Albert*, le *Christophe-Colomb*, le *Malfatano* et le *Mozembano*.

Le 25 mai, le général Uhrich, son état-major et le 80e de ligne débarquèrent, en sorte que la 2e division se trouva presque au complet.

Le 27 mai, deux colonnes, l'une formée des services administratifs, du Trésor, des gendarmes à pied, l'autre du 18e de ligne, partirent : la première pour Florence, la seconde pour Pistoïa, petite ville entre Florence et Lucques.

L'armée toscane fut réunie au 5e corps et prit ses positions au nord-ouest de Florence, où elle établit son quartier général avec le général Jean d'Ulloa et 550 chevaux (carabiniers toscans). L'avant-garde occupa Prato, à seize kilomètres nord-ouest de Florence, le centre à San-Piero et Secoli, tenant les routes de Filigare et de Porretta. La division Mezzacapo, composée en majeure partie de jeunes Romagnols, adolescents non équipés, à demi vêtus, dépourvus de tout, eut son quartier général à Vecchia, occupant Borgo-San-Lorenzo, sur la route de Faenza et Dicomano, sur la route de Forli.

En fait, les deux divisions d'Ulloa et de Mezzacapo n'avaient pu guère mettre en ligne que trois mille combattants.

Le mouvement avait pour objet de s'opposer à la marche du général autrichien de Wimpffen, signalé comme descendant, avec un corps d'armée, du Tyrol, pour envahir les duchés. Le prince Napoléon, prévenu par le grand quartier général, envoya deux officiers du génie à Florence et à Pistoïa reconnaître les routes de Porretta et de Filigare.

Le 30, le général de Lapérouse arriva à Livourne et le général Uhrich en partit avec son état-major et le 82e de ligne pour se rendre à Florence.

Des dispositions furent prises pour faire occuper par les troupes les trois défilés de Porretta (sur Bologne), de Filigare (sur Bologne et Ferrare), de l'Abetone (sur Modène). Ce dernier défilé était celui qui devait être le plus rigoureusement observé, car le grand-duc se trouvait aux environs, ainsi que les troupes autrichiennes. Le prince Napoléon fit en personne, le 29, avec les généraux

Cauvin du Bourguet, Coffinières et de Beaufort d'Hautpoul, la reconnaissance des défilés jusque sur le territoire de Modène, en avant du col de l'Abetone, puis il revint à Livourne.

Le lendemain 30 mai, le général Cauvin du Bourguet, à la tête du 80ᵉ de ligne, d'une compagnie du génie, d'une compagnie du train, quitta Pistoïa et s'installa le soir à San-Marcello, au-dessous de Porretta et du col de l'Abetone, à cheval sur la route de Florence à Modène et à Reggio. Dans la nuit, les bataillons de chasseurs toscans, quittant San-Marcello, se dirigèrent par la montagne sur Porretta, poste qu'ils occupèrent, tandis qu'une compagnie de voltigeurs du 80ᵉ bivouaquait au col même.

Pendant que le général Cauvin du Bourguet faisait ce mouvement, la 1ʳᵉ brigade de la division Uhrich et le 82ᵉ (de la 2ᵉ brigade) se concentraient sous les ordres de leur général de division à Florence, ainsi que la brigade de hussards Lapérouse.

Le 31 mai, le prince quitta Livourne et vint établir son quartier général à Florence. Il descendit avec son état-major au palais de la Santa-Croce, résidence d'été du grand-duc, et renforça le général du Bourguet d'un demi-bataillon du 14ᵉ de chasseurs à pied.

La position en Toscane du 5ᵉ corps, le 1ᵉʳ juin 1859, était la suivante :

1° Le général du Bourguet avec le 80ᵉ de ligne, occupant des positions au nord-ouest de Florence sur l'Apennin, surveillant le duché de Modène, sa droite appuyée aux volontaires de Mezzacapo et aux Toscans d'Ulloa. Ce dernier était au défilé de Filigare.

2° Le gros de la division Uhrich et la brigade de cavalerie légère, concentrés à Florence, au bivouac, sur les Cascines.

3° Les magasins généraux et les petits dépôts à Livourne, restée la base d'opérations du 5ᵉ corps.

Des reconnaissances furent poussées à l'ouest dans la direction de Bagni et en avant de Fiumalbo ; on apprit par elles que quelques cavaliers autrichiens se retiraient en faisant sauter les ponts que les habitants s'empressaient de réparer.

Ainsi, les Autrichiens paraissaient disposés à battre en retraite et à abandonner les duchés plutôt qu'à les défendre. Le prince Napoléon, sur cette assurance, s'installa de son mieux dans le palais de la Santa-Croce.

Le 4 juin, mon père débarqua à Livourne, et arriva quelques heures plus tard à Florence. Il se rendit immédiatement auprès du prince Napoléon ; ce dernier, fort brusque de son naturel, n'avait pas été avisé de la nomination de mon père. Il reçut assez mal le nouvel arrivant et semblait refuser de l'admettre à l'état-major général du corps d'armée.

Mon père, décidément, jouait de malheur dans ses relations avec la famille impériale. Il se contenta de dire au prince :

« Monseigneur, j'ai demandé à faire la campagne et non à venir me promener sur les bords de l'Arno. Je serai donc reconnaissant à Votre Altesse de me remettre à la disposition du ministre de la guerre et heureux d'obtenir un service dans un des corps en contact avec l'ennemi. Toutefois, je ferai observer à Votre Altesse qu'envoyé à l'état-major du 5e corps j'y prendrai et garderai mon service jusqu'au jour où j'en aurai été relevé par une décision régulière. »

Le prince fit appeler le général de Beaufort :

« Comment trouvez-vous Du Casse, qui vient ici sans que je l'aie demandé et qui prétend rester avec nous malgré moi ?

— Mon général, dit mon père portant sa lettre de service sans répondre au prince, voici mon ordre.

— Monseigneur, le commandant est parfaitement en règle ; c'est d'ailleurs un fort bon officier que je serai heureux de compter à notre état-major.

— C'est bien, en ce cas. »

Mon père sortit avec le général, qui le présenta à ses nouveaux camarades, le colonel Henry, les capitaines Hubert de Castex et de Châtillon. Sur ces entrefaites, un valet de pied apporta à mon père une invitation du général en chef à dîner pour le soir même.

Encore sous l'impression de la réception du matin, mon père dit au valet de pied :

« Veuillez dire à Monseigneur que je le remercie, mais que mon état de fatigue ne me permettra pas de me rendre à son invitation.

— Oh ! Du Casse, ne faites pas cela, je vous en prie, dit M. de Beaufort. Acceptez.

— Soit, mon général, puisque cela vous est agréable. »

Le soir, la mauvaise humeur du prince était dissipée. Il accueillit mon père avec bienveillance. Ils étaient à table, séparés par le général Jean d'Ulloa. Vers le milieu du dîner, se penchant, derrière le général toscan, vers mon père, le prince lui dit :

« Comment trouvez-vous ma popotte?

— Détestable, Monseigneur.

— Dites-le donc à Georgette du Buisson, qui en est chargé; vous me ferez plaisir. »

Après le dîner, mon père servit ce mauvais compliment au capitaine de frégate Georgette du Buisson.

« Comment le prince veut-il que ce soit autrement? » riposta l'officier de marine. « Il veut que j'utilise pour sa popotte les trente-six rations de campagne qui lui sont allouées comme commandant de corps d'armée. »

Le lendemain, mon père, installé au palais grand-ducal de la Santa-Croce, prit son service. Profitant de quelques heures de loisir, il fut voir la marquise Bartolini, qui, très heureuse de le voir, le retint à dîner et le pria de revenir le plus souvent possible.

La marquise Bartolini, charmante et vertueuse Florentine, bonne, aimable et gracieuse, était la troisième femme du vieux roi Jérôme, encore vivant à cette époque. Le dernier des frères de Napoléon Iᵉʳ offrit cette curieuse particularité dans sa vie privée d'avoir toujours deux femmes légitimes simultanément vivantes. Aspirant de marine à l'âge de dix-neuf ans, il avait épousé à Baltimore miss Paterson, mariage nul aux yeux de la loi française et contracté en violation de la législation du code civil. Après que Madame mère eut fait reconnaître par les tribunaux compétents l'illégalité de cette union, le plus jeune frère de Napoléon épousa en 1807 la princesse Catherine de Wurtemberg. Après la mort de cette princesse, longtemps après, il épousa la marquise Bartolini.

Le dimanche 5 juin, au soir, parvint à Florence la nouvelle de la victoire de Magenta.

Ce magnifique fait d'armes coûta malheureusement la vie à deux des plus brillants généraux de l'armée : Cler, homme de valeur ; Espinasse, l'ancien ministre de l'Intérieur, énergique et vigoureux soldat. Cler, aimé et estimé de tous, fut particulièrement regretté de mon père, son camarade de Saint-Cyr et son collaborateur dans la rédaction des *Souvenirs d'un officier du 2ᵉ zouaves*. Cler avait commandé ce beau régiment pendant la campagne de Crimée, où il servait dans la division commandée par le prince Napoléon. Ce dernier aurait voulu l'avoir encore sous ses ordres en Italie ; mais Cler était à la tête d'une brigade de la garde impériale.

Aussitôt la ville s'illumina, les musiques parcoururent les rues en jouant l'air national italien, et une ovation spontanée fut faite au prince Napoléon sous les fenêtres du palais ducal, vers minuit.

Le lendemain, lundi 6, mon père, dans une lettre à ma mère, lui marquait à propos des événements de la veille :

Hier, 5 juin, à six heures, tandis que nous dînions, est arrivée la nouvelle de la grande victoire de Magenta. C'est fort beau et cela fait désirer ici que nous nous mettions aussi en marche, mais nous n'avons que neuf mille hommes ; quant aux armées toscanes, italiennes, romagnoles, quelle bonne farce !

Le soir, à la suite de cette nouvelle, la ville était comme folle. Les musiques, le peuple, les drapeaux sont venus à minuit attendre le retour du prince et lui ont fait une ovation à la lueur des torches. C'était superbe.

On nous apporte une autre dépêche sur l'insurrection de Milan et sur la poursuite des Autrichiens. Si cela continue ainsi, ce ne sera pas long ; aurons-nous seulement le temps d'entrer en ligne ?

Le 6 juin, le cousin de Napoléon III donna un dîner de gala, à la Santa-Croce, en l'honneur des victoires de l'armée française ; le repas fut fort gai. Le prince, homme d'un savoir incomparable, causeur accompli, d'une intelligence très développée, d'un esprit vif et délié, quand il voulait s'en donner la peine, tenait un auditoire sous le charme et exerçait une séduction fascinatrice.

Le chef d'état-major général, le marquis de Beaufort d'Hautpoul, profita de cette longue soirée pour entretenir le commandant en chef de la situation des troupes bivouaquées aux Cascines, Bois de Boulogne de Florence, assez humide.

Depuis plusieurs jours, la pluie n'avait cessé de tomber ; les soldats, les pieds dans l'eau, étaient fort mal sous leurs petites tentes-abris. Le général Beaufort d'Hautpoul obtint l'autorisation de les faire rentrer dès le lendemain à l'intérieur de la ville, où ne manquait pas le logement, ne fût-ce que dans les vastes monastères.

Le prince s'était composé une sorte de petite cour. Auprès de lui vivaient plusieurs familiers venus de Paris, entre autres le spirituel académicien Émile Augier, le richissime comte Branicki, qui avait endossé pour la circonstance un uniforme passablement hétéroclite de colonel de la garde nationale.

On menait joyeuse vie à la petite cour du prince, installée à la Santa-Croce. Les amis venus de France n'engendraient pas la mélancolie.

La politique et l'ambition ne laissaient pas non plus que d'avoir leur place dans les préoccupations du général en chef. Il eût volontiers relevé à son profit le royaume d'Étrurie en ce beau pays de Toscane, où le cher cousin l'avait forcé de pénétrer en triomphateur et le maintenait bien longtemps. Mais le rêve politique du prince n'était pas précisément celui de l'empereur. Le ministre de France, marquis de Ferrières-Levayer, avait des ordres fort différents.

A ce sujet, mon père écrivait à ma mère le 7 juin :

J'ai dîné ce soir chez notre ministre à Florence. Nous avons causé du prince, qui ne laisse pas que de l'embarrasser beaucoup en surexcitant les passions politiques. Toujours la même chanson. Le ministre a demandé son rappel, car il ne sait comment se tirer d'affaire. Il y a ici un parti pour la réunion de la Toscane à la Sardaigne, un autre avec annexion des duchés pour former un royaume au bénéfice du prince Napoléon; il y a aussi un parti pour la république. Le clergé séculier et régulier, fort riche et influent dans ce pays, désire l'ancien duc avec la protection de l'Autriche.

Telle est la position de la Toscane en ce moment. Nous chantons le *Te Deum* pour nos victoires, les Autrichiens adressent au ciel des prières pour le succès de leurs armes. Le prince Napoléon invoque Satan pour qu'une couronne lui monte de l'enfer ou lui descende du ciel. Comme disait plaisamment un abbé quelque peu folâtre : « Que Dieu et le diable se tirent d'affaire ! »

Vous comprenez comme les arrangements seront faciles, la paix faite.

J'ai été chargé d'inspecter les fameuses divisions d'Ulloa et Mezzacapo. J'en ris encore. Au train dont vont les choses, la guerre sera finie avant que les Toscans d'Ulloa aient des vêtements et les Romagnols de Mezzacapo des chaussures. Et tout ce monde-là nous crierait encore aujourd'hui bien volontiers : Allez-vous-en, nous n'avons pas besoin de vous. *Italia farà da se !* Oh ! si, à l'instar des murs de Jéricho, il suffisait pour avoir raison des troupes autrichiennes de chansons patriotiques, quelles belles victoires remporteraient les belliqueux *tenorini* et *soprani* italiens !

Nous venons d'apprendre la mort de ce brave Cler, celle de mon camarade Senneville. Le pauvre colonel de Senneville a été embroché d'un coup de lance, par un cavalier autrichien, dans une imprudente reconnaissance faite par le maréchal Canrobert, dont il était le chef d'état-major. Senneville était le beau-frère de Ferrières[1]. Vous comprenez si les pauvres gens sont tristes. Les Autrichiens avaient tendu une embuscade à Canrobert, qui, lui et ses officiers, ont dû mettre l'épée à la main pour se tirer de leurs mains.

Les Autrichiens ont quitté Bologne. Ils sont bien battus. Cela ne peut durer longtemps. Cette guerre sera courte.

Le lendemain du dîner de gala, conformément aux instructions qu'il avait obtenues du prince, le général Beaufort donna à mon père l'ordre de s'entendre avec le gonfalonier (maire) pour loger les hommes et les chevaux du corps d'armée encore à Florence et se rendre compte de la place disponible dans les couvents de la ville.

Mon père se convainquit vite des immenses ressources que ces nombreux établissements pouvaient fournir. Il y avait telle de ces vastes maisons, admirablement aménagées, dont les cloîtres pouvaient contenir un régiment tout entier et qui n'était occupée que par une trentaine de religieux.

Néanmoins, l'installation des troupes n'alla pas sans certaines difficultés. La municipalité de Florence était bien disposée à fournir des lits pour les hommes, de la paille pour les chevaux ; mais les bons moines, fidèles sujets de l'honnête et pieux grand-duc, ne voyant dans les Français que les alliés du roi Victor-Emmanuel, cherchaient de puérils prétextes pour éviter de loger nos troupes.

Au premier couvent où mon père se présenta, l'Annonciade, impossible d'ouvrir aucune porte, les clefs étaient égarées. Mon père offrit alors d'installer ses hommes dans les cloîtres. Autre objection. Les cloîtres étaient indispensables aux religieux, ils touchaient à la chapelle. L'écurie, très vaste, ne pouvait recevoir de chevaux ; la mule du supérieur l'occupait. Impatienté de toutes ces tergiversations, mon père se retourne vers les cavaliers d'escorte, entrés avec lui dans la cour intérieure du couvent :

« Six hussards pied à terre, commande-t-il. Prenez vos mousquetons et enfoncez-moi toutes les portes dont les clefs ne peuvent se trouver. »

---

1. Le marquis de Ferrières-Levayer, ministre de France à Florence.

Ce fut un véritable « Sésame, ouvre-toi. » Les clefs se retrouvèrent comme par enchantement. Mon père établit son casernement, et une heure plus tard les troupes s'installent.

Le 8 juin, un ordre du jour fit connaître la belle affaire du 3ᵉ de zouaves, de la division d'Autemarre, à Palestro, sous les yeux du roi Victor-Emmanuel [1]. Un *Te Deum* fut prescrit pour le même jour à la cathédrale de Florence, en actions de grâces pour les victoires remportées par nos troupes. Les bataillons et les escadrons français et italiens prirent les armes et formèrent la haie du palais de la Santa-Croce, quartier général, à l'église.

Le commandant en chef, entouré de son état-major, à cheval, se rendit à la pieuse cérémonie. A l'intérieur du dôme, les compagnies d'élite formaient la haie.

A l'issue du *Te Deum* arriva à Florence la nouvelle de l'évacuation de Pavie par les Autrichiens et de l'occupation de Milan.

Les murs de Florence se couvrirent d'affiches invitant les Toscans à demander leur annexion au Piémont.

Plusieurs partis politiques se dessinaient en Toscane. Le grand-duc avait laissé des partisans dévoués et en grand nombre. C'était la masse des habitants, et la chose s'explique d'elle-même. Ce prince était excellent ; son gouvernement bienveillant, doux, facile, tolérant. Pas de conscription ; peu de service militaire ; peu d'impôts ; une somme de liberté très réelle. C'étaient là de grands avantages, que la Toscane n'a jamais retrouvés depuis cette époque. Il en était de même, il faut bien le reconnaître, des duchés de Parme et de Modène. Un autre parti poussait à l'annexion piémontaise. Il était le moins nombreux et le plus bruyant, et en dessous main fortement appuyé par l'empereur Napoléon III. Déjà avait germé dans l'esprit de ce dernier l'idée de donner à Victor-Emmanuel les trois duchés en compensation de Nice et de la Savoie. Quelques isolés désiraient l'établissement de la république. Enfin, comme si ce n'était pas assez de trois partis dans ce petit pays, le prince Napoléon poussait à la création d'un quatrième, le sien. Ce quatrième, à la vérité, comptait peu d'adhérents. Le pauvre prince Napoléon n'a jamais fait naître chez personne le désir de devenir son sujet.

---

1. Ce fut à cette affaire que les zouaves français surnommèrent Victor-Emmanuel *le commandant Victor*, comme jadis les grenadiers avaient surnommé Bonaparte *le petit caporal*.

« Voyez-vous, » disait un officier du corps d'armée, « si l'on réunissait dans les Cascines tous les partisans de notre général en chef, ils pourraient y jouer à cache-cache plusieurs jours sans se rencontrer. »

Parmi les officiers attachés à sa personne, pas davantage d'entrain, de prosélytisme.

Le commandant du 5e corps se faisait des illusions sur ses chances de succès. Il mettait dans un cruel embarras notre ministre plénipotentiaire, le marquis de Ferrières-Levayer. Les inclinations personnelles de ce dernier le portaient à désirer la restauration du grand-duc ; les instructions secrètes du gouvernement impérial l'incitaient à pousser à l'annexion au Piémont. Lassé des rôles qu'on voulait lui faire jouer, le marquis de Ferrières finit par demander son rappel.

Malgré ses velléités royales, le prince Napoléon désirait quitter la Toscane et rallier le gros de l'armée. Il sentait vivement le fâcheux de sa position, seul de tous les commandants de corps éloigné de l'ennemi.

Il envoya au grand quartier général son premier aide de camp, le colonel de Franconnière, solliciter la faveur de marcher à l'ennemi.

Franconnière, homme de valeur, militaire instruit, officier calme, réservé, de bonne compagnie, en arrivant au grand quartier impérial, se rendit d'abord auprès du major général Vaillant. Le maréchal, avec le mauvais goût inhérent à sa nature grossière, accueillit l'aide de camp du prince par cette phrase d'un tact tout particulier :

« Eh bien, colonel, le 5e corps et son chef continuent à se couvrir de gloire ?

— Du moins, Monsieur le maréchal, lui répliqua son interlocuteur avec un spirituel sang-froid, le 5e corps et son chef travaillent à préparer la vôtre, car sans notre occupation de la Toscane vous ne seriez pas aussi avancés aujourd'hui. »

La riposte était aussi bien trouvée que vraie et juste ; le 5e corps, la *cinquième roue,* par sa présence dans les duchés, retenait une grande partie des forces ennemies loin du théâtre des opérations de guerre. Il rendait ainsi un service capital et, en eût-il été autrement, rien n'était plus déplacé que de plaisanter et de chercher à tourner en ridicule la conduite d'un corps d'armée dont le seul tort était d'exécuter les ordres du commandement supérieur.

Mais, au maréchal Vaillant, tout était permis. Ce favori de la fortune avait eu toutes les chances. Élevé à la dignité suprême du maréchalat sans autre motif que de faire pièce au général Oudinot, duc de Reggio, après la prise de Rome, Vaillant montra comme ministre de la Guerre autant d'impéritie qu'il devait en montrer plus tard comme ministre des Beaux-Arts. Napoléon III l'appelait son Sully. Napoléon III n'était pas Henri IV.

Le Sully du second Empire mit le compliment de Franconnière dans sa poche et ne se vanta pas de la réplique qu'il s'était attirée.

Le colonel vit ensuite l'empereur. Napoléon III, malgré la prière de son cousin, persistait à vouloir que le 5ᵉ corps restât en Toscane. M. de Franconnière avait des ordres formels du prince. Il comprenait d'ailleurs, aussi bien que son général, le ridicule, aux yeux de la France et de l'armée, du rôle qu'on lui faisait jouer.

Il osa insister; en parlant à S. M., il éleva la voix de telle sorte que le maréchal Vaillant, inquiet, crut devoir entrer dans le cabinet de l'empereur. Ce dernier termina l'audience en disant tout haut au colonel :

« Si Napoléon ne veut pas faire ce que je veux, qu'il fasse donc ce qu'il voudra. »

M. de Franconnière, en rentrant à Florence le 14 au soir, rapporta ces paroles à son général. Le prince décida de quitter immédiatement Florence pour se porter sur Lucques et Massa, de façou à rallier l'armée le plus rapidement possible.

La division Uhrich, la brigade La Pérouse et l'artillerie reçurent l'ordre de gagner Parme par Lucques, Massa, Pontremoli, Casal-Maggiore; les Toscans du général Ulloa par Pistoïa, San-Marcello et Reggio.

Quant à la malheureuse division Mezzacapo, sans l'intelligence politique et la prudence de son chef, elle changeait peut-être la face des choses et, par la faute du prince Napoléon, mettait la France dans une situation fausse, peut-être dangereuse et critique. Le prince, ayant appris par le colonel de Franconnière la retraite des troupes autrichiennes qui occupaient la ville de Bologne, envoya au général Mezzacapo l'ordre secret de partir immédiatement avec ses volontaires, d'entrer sur le territoire des Romagnes, d'aider au soulèvement du pays, alors en fermentation, et de se mettre aux trousses des Autrichiens. Or, une expédition de ce genre était tout simplement la violation des États de l'Église, dont la neutralité avait été hautement proclamée par la France.

Cela donnait un excellent prétexte à la Prusse, qui en cherchait un à peu près plausible pour se déclarer contre nous. Le prince Napoléon ne l'ignorait pourtant pas, et il eut l'inconcevable distraction de perdre de vue cette redoutable éventualité; elle venait pourtant de lui être rappelée par le ministre de la guerre dans une lettre toute récente (11 juin) que voici :

     Monseigneur[1],

J'attends les ordres de l'empereur au sujet des officiers du grade de colonel ou de lieutenant-colonel que V. A. I. me fait l'honneur de me demander pour exercer le commandement des brigades de l'armée toscane, car je ne pourrais pas me permettre, sans une autorisation formelle de S. M., de donner une pareille mission à des officiers quelconques de l'armée.

Je ferai toutefois remarquer à V. A. I. que je ne pourrais trouver que parmi les colonels d'état-major les officiers de ce grade susceptibles de vous être envoyés, puisque les autres colonels sont attachés au commandement de leurs régiments, et que ce ne serait pas sans les plus graves inconvénients que l'on pourrait les en distraire. Or, je n'ai pas un seul colonel d'état-major qui ne soit employé très utilement pour le service, déjà si réduit, de l'armée de l'intérieur.

Il resterait donc à chercher dans les lieutenants-colonels d'infanterie les chefs de brigade que V. A. I. voudrait donner à l'armée toscane. Je me permettrai à cette occasion de lui faire observer qu'elle aurait bien plus d'avantage, bien plus de facilités à rencontrer les officiers de ce grade dans les régiments qui composent son corps d'armée, que de recevoir de France des officiers supérieurs qui auraient sans doute été choisis parmi ceux bien notés, mais qui pourraient parfaitement ne pas réunir les conditions ou qualités spéciales que V. A. I. est en droit de réclamer.

Ces observations étant faites, j'attends les ordres de l'empereur, et m'acquitterai de mon mieux de ce qu'il aura décidé et de ce qui fait le sujet de la demande de V. A. I.

---

1. Cette longue lettre, tout entière de la main du maréchal comte Randon, était une réponse à une demande d'officiers faite par le prince, qui, ne voyant dans les troupes auxiliaires personne en état de commander des brigades, avait écrit au ministre de lui envoyer des colonels français pour les investir du commandement des brigades toscanes et romagnoles, sous les ordres des généraux d'Ulloa et Mezzacapo.

Les congés renouvelables avaient en grande partie rejoint les régiments de la division Uhrich avant son départ de Paris ; tous ceux qui sont encore aux dépôts, aussi bien que les soldats dont l'instruction est terminée, sont incessamment dirigés sur les bataillons de guerre ; j'y tiens la main très sévèrement, parce que je comprends l'utilité de renforcer les bataillons de guerre.

Les armes destinées aux troupes toscanes que V. A. I. avait demandées sont en mer ou bien ne tarderont pas à être embarquées ; il a fallu les tirer d'autres arsenaux que ceux du littoral ; c'est ce qui a causé un peu de retard.

Les médecins et vétérinaires demandés par V. A. I. doivent être arrivés ; ce n'est pas sans de grandes difficultés que je puis fournir et satisfaire aux exigences continuelles qui fondent sur le ministère de la guerre. *Si de grands intérêts, si de grandes choses s'accomplissent en Italie, nous avons de grands devoirs à remplir en France et de très sérieuses préoccupations à dominer du côté de l'Allemagne.*

Il nous faut pour cela l'aide de Dieu et la patience des hommes.

J'ai demandé avec instance à l'état-major général que l'on me fît connaître les besoins en approvisionnements de toute espèce des troupes sous le commandement de V. A. I., aussi bien que les dispositions à prendre pour y pourvoir. Jusqu'à ce jour, je n'ai rien reçu ; cela pourra expliquer le retard que quelque partie du service peut éprouver.

Je comprends que V. A. I. est dans une position qui réclame une vigilance toute particulière, et il ne dépendra pas de moi que tout marche régulièrement.

Je vous prie, Monseigneur, d'agréer, etc.

Maréchal RANDON.

On voit, par le paragraphe relatif à nos relations avec l'Allemagne à cette époque, à quoi le commandant du 5ᵉ corps exposait la France, de gaieté de cœur, par son ordre intempestif.

Heureusement, le général Mezzacapo ne fut pas pris au dépourvu. Son aide de camp, le baron Magliano, était fort lié avec mon père et avec plusieurs autres officiers de l'état-major général du 5ᵉ corps. Ceux-ci, aussitôt qu'ils connurent, par leur camarade Franconnière, les intentions du prince, patriotiquement effrayés des conséquences possibles, avisèrent le baron Magliano afin qu'il avertît son général. — Mezzacapo (devenu depuis ministre de la guerre du royaume d'Italie) était un homme de sens et de valeur. — Ainsi prévenu d'avance, il put prendre le temps de la réflexion et, d'accord avec son aide de camp (en qui il avait avec raison grande confiance), arrêter la conduite qu'il aurait à tenir. Aussi, lorsqu'il reçut l'ordre du prince de pénétrer dans les Romagnes et de violer la neutralité des États pontificaux, il manifesta un empressement et un désir extrême d'exécuter l'ordre, ajoutant toutefois que, lui et ses volontaires étant à la solde du roi de Sardaigne, il ne pouvait agir sans l'autorisation du ministre de Sardaigne en Toscane, M. Buoncompagni. Ce dernier refusa l'autorisation et en référa à son souverain. Ainsi furent évités les dangers d'une escapade politique qui avait pour but de renverser le pouvoir temporel du pape et pouvait jeter la France dans les embarras d'une guerre européenne contre la coalition de plusieurs puissances continentales.

A Florence, le prince Napoléon n'avait avec lui que sa deuxième division d'infanterie, général Uhrich, la brigade de cavalerie du général de Lapérouse, la brigade d'artillerie Fiéreck, la brigade du génie Coffinières de Nordeck, puis les deux divisions toscane et romagnole d'Ulloa et Mezzacapo, qui ne comptaient (la seconde notamment) que sur le papier.

La première division d'infanterie du 5e corps, commandée par le général d'Autemarre d'Ervillé, n'avait pas rallié en Toscane, et le 18 mai avait été provisoirement détachée, sous les ordres du maréchal comte Baraguey-d'Hilliers, au 1er corps d'armée.

Le 17 mai, le 3e de zouaves, de la division d'Autemarre, occupa Bobbio ; le 19 mai, les 75e et 93e de ligne furent portés par les voies ferrées à Tortone. Le 1er bataillon du 93e, en marchant sur Voghera, ayant entendu le canon du côté de Montebello, rallia la division Forey, attaquée par l'ennemi. Son arrivée sur le champ de bataille fit croire aux Autrichiens que c'était l'avant-garde d'une armée de secours et contribua à déterminer l'ennemi à la retraite.

Le 21 mai, les 75e et 93e se rendirent à Godiasco, puis à Varzi, et vinrent rallier à Bobbio le 3e de zouaves. Le quartier général de la division fut établi à Bobbio ; la division eut pour mission de protéger la vallée de la Trebbia, de couvrir la droite de l'armée alliée et d'inquiéter la gauche des Autrichiens. L'ennemi, qui s'était d'abord concentré à Stradella et à San-Giovanni, sur la route de Voghera à Plaisance, abandonna la vallée de la Trebbia ; le général d'Autemarre reçut l'ordre de rallier le 1er corps avec ses troupes.

Le 31 mai, le 3ᵉ zouaves prit part au combat de Palestro, enleva les canons autrichiens et se couvrit de gloire. Après la bataille de Magenta, la division d'Autemarre suivit le mouvement général sur Milan, marchant de la Sesia sur le Tessin. Elle occupa Magenta le 9 juin ; puis, ayant reçu la double mission de couvrir la droite de l'armée et de faciliter le passage du Pô à la seconde partie du 5ᵉ corps, venant de la Toscane, elle manœuvra pour se rapprocher de Pavie, occupée par l'ennemi et dont elle provoqua l'évacuation. Le 11 juin, elle occupa Bereguardo, sur la rive gauche du Tessin, le 12 Belgiojoso, le 13 franchit le Pô entre Spessa et San-Giovanni, au moyen de bateaux, de chalands accouplés et mis en mouvement par une traille. Une fois sur la rive droite du fleuve, la division entra le soir même à Plaisance, où elle se trouva toute réunie le 14. Elle séjourna à Plaisance jusqu'au 17 juin, construisit un pont sur le Pô et envoya un détachement chargé de reconstruire celui de Pizzighettone sur l'Adda. Le 22, la division traversa à nouveau le fleuve sur le pont précédemment construit par elle, se concentra à Pizzighettone, franchit l'Adda et occupa Crémone. Le 25, la 1ʳᵉ brigade, une batterie, la compagnie du génie, trois escadrons s'établirent à Piadena, devant le confluent de la Chiese et de l'Oglio. La 2ᵉ brigade, une batterie, un escadron vinrent occuper Pessina, et le 26 la division d'Autemarre faisait sa jonction avec le gros du 5ᵉ corps, venant de Toscane.

Tandis que la division d'Autemarre évoluait sur les deux rives du Pô, descendant le cours du fleuve, manœuvrant de façon à empêcher la droite de l'armée franco-sarde d'être tournée par la gauche de l'armée autrichienne et se rapprochant de la partie la plus importante du corps d'armée, celle-ci, demeurée sous les ordres directs de son général en chef, prononçait sa marche du sud au nord. Le 14 et le 15 juin, les troupes aux ordres du prince Napoléon quittèrent Florence avec Parme pour objectif. Les auxiliaires italiens furent dirigés par Pistoïa, le col de l'Abetone, Meggio ; les brigades françaises par Lucques, Massa, Sarzana, Aulla, Pontremoli, Fornoue. Cette marche par deux routes divergentes n'était peut-être pas très heureusement combinée. Elle pouvait, en cas d'attaque, exposer à une destruction totale les troupes italiennes. Le commandement en chef avait-il un motif secret d'agir de la sorte ? Aimait-on autant être débarrassé de ces auxiliaires encombrants et inutiles sur lesquels on savait ne pouvoir compter? Le fait est que c'est à peine s'il arriva quelques malheureux Toscans d'Ulloa à Parme; quant aux Romagnols de Mezzacapo sortis de Florence, on ne les revit plus.

Tandis que les troupes quittaient Florence par étapes, le prince Napoléon, le 16, gagnait Lucques en chemin de fer avec sa maison militaire et l'état-major général du corps d'armée.

Dès que le train entra en gare, il fut accueilli par d'harmonieuses aubades et des cris bruyants : « Vive la France! »

Toutes les jeunes filles de la ville attendaient à la gare et couvrirent de fleurs les arrivants. Dès que le prince parut, les Lucquois voulurent le porter en triomphe. Le soir venu, la ville se couvrit des feux d'une illumination splendide.

Au palais ducal, le prince fut rejoint par un aide de camp de l'empereur, le colonel d'état-major comte Reille, chargé de prévenir le commandant du 5e corps que l'empereur livrerait bataille sous peu de jours, aux environs de Castiglione, et de l'inviter à hâter la marche de son corps d'armée pour prendre part à l'affaire. Il était bien temps! Après avoir refusé pendant huit jours l'autorisation de marcher, inviter à se hâter lorsqu'il est trop tard pour arriver, quelle amère dérision !

Le prince Napoléon, rendons-lui cette justice, aussitôt après avoir donné audience au comte Reille, réunit les généraux et chefs de corps et leur donna l'ordre de presser la marche, afin de rallier rapidement le gros de l'armée alliée.

Le conseil fit observer au prince que, par une chaleur supérieure à quarante degrés, prétendre faire doubler les étapes à l'infanterie, chargée de vivres pour deux jours, c'était vouloir mettre hors de service la plupart des hommes. Justes et sages observations. Le prince s'y rendit avec peine; fort contrarié, il résolut tout au moins de prendre les devants de sa personne et, si c'était possible, de devancer son corps d'armée. Idée de sous-lieutenant et non de général en chef, d'une exécution d'ailleurs irréalisable dans les circonstances présentes.

Après un séjour à Lucques de vingt-quatre heures, pour donner le temps aux troupes et à l'artillerie d'arriver, le samedi 18 juin, à quatre heures du matin, le corps d'armée se mit en marche pour Massa par la route de Pietra-Santa, à courte distance des bords de la mer, l'état-major général tenant la tête de la colonne.

Si, pendant la campagne d'Italie, le feu de l'ennemi ne fut

guère meurtrier pour les troupes du prince Napoléon, il n'en fut pas de même de leur marche rapide et précipitée, des plus pénibles, à travers montagnes arides et plaines inondées, par une chaleur torride. Nombre de soldats et d'officiers tombèrent d'insolation pour ne plus se relever. Cette marche valut néanmoins au 5ᵉ corps le surnom de *Touriste*, surnom qui même se changea (lors de l'arrivée au quartier impérial de Valeggio, trop tard pour prendre part à aucune bataille) en un autre sobriquet : *la Sécurité des familles*.

N'empêche que le « Touriste, Sécurité des familles, » rendit un service capital en retenant sur la rive droite du Pô plusieurs corps d'armée autrichiens et contribua pour une bonne part au gain des victoires de Magenta et Solférino, évitant à l'armée alliée d'être tournée et prise à revers par l'extrême droite de l'armée autrichienne, maintenue dans les pays transpadans par la diversion du 5ᵉ corps. La victime fut le pauvre prince Napoléon. Si l'empereur eut l'intention de jeter un ridicule sur le cher cousin, il faut convenir que jamais chef d'État ne réussit mieux dans une entreprise.

Nous avons laissé le 5ᵉ corps quittant, après la halte du déjeuner, Pietra-Santa et se dirigeant vers Massa, étape désignée à trois lieues plus loin. On approchait de Massa lorsque le général en chef, qui n'avait probablement pas jugé à propos de se lever d'assez bonne heure pour partir avec ses troupes de Lucques, atteignit la queue de la colonne. Il fit ouvrir les rangs pour gagner la tête avec son état-major particulier, les traversa au grand galop de son cheval, sans adresser un mot aux hommes, qui l'accueillaient par un feu roulant de lazzis, d'imprécations et de jurons. C'était la première fois que l'Altesse Impériale était vue de ses troupiers. La connaissance fut peu cordiale.

A une heure de l'après-midi, le 5ᵉ corps atteignait Massa. A Massa, accueil bruyant, comme partout et toujours : fleurs, cris, vivats, *Viva la Francia !* Dans cette ville se trouvaient des gendarmes parmesans qui venaient rallier les troupes françaises.

Le commandant en chef du 5ᵉ corps passa les dimanche 19 et lundi 20 à Massa, où il reçut le lieutenant Bocher, officier d'ordonnance du général d'Autemarre, que ce dernier envoyait pour prévenir qu'il venait de quitter Plaisance, et de la rive droite du Pô se portait sur la rive gauche, poursuivant sa marche parallèlement à celle du surplus du corps d'armée vers l'Adda, jusqu'à sa jonction, avec Crémone pour objectif.

Le mardi 21, au matin, les troupes se mirent en marche par la route de Sarzana pour gagner Parme par Sarzana et Aulla. Le temps était épouvantable; orages violents; pluies diluviennes. En traversant Sarzana, le prince fut l'objet d'une ovation.

A Aulla (petite ville sur la rivière la Magra), but de l'étape, la plaine était inondée. Hommes et chevaux durent bivouaquer dans l'eau et eurent beaucoup à souffrir. Aussi chacun trouvait assez indifférent de traverser à même la Magra, rivière guéable. Le commandant du génie ne l'entendait point ainsi et, sans doute pour prouver l'utilité de son arme et de sa présence, il tint à construire un pont. Pas un homme n'était encore passé sur le pont à peine terminé, le courant l'emporta, au milieu des rires et des lazzis des soldats, qui, pour se venger de l'attente imposée pour sa construction, baptisèrent le général Coffinières de Nordeck du titre de comte de Pont-Écroulé.

Les ruisseaux se transformaient en rivières, les rivières en torrents. Ce fut donc à grand'peine que, le 22, l'on put franchir les vingt-trois kilomètres qui séparent Aulla de Pontremoli.

Le soir, illumination *a giorno* de cette dernière petite ville.

Le jeudi 23, départ de Pontremoli, à quatre heures du matin; les chemins étaient si difficiles qu'il fallut bivouaquer, au bout de vingt-sept kilomètres, dans la montagne, au col de Berceto, surnommé, à cause de l'affluence immodérée de petits habitants, *Pucetto* par les soldats français.

Le 24, au matin, plantant là ses troupes, le prince Napoléon partit en avant, se faisant suivre, non seulement des officiers de son état-major particulier, mais aussi de l'état-major général du corps d'armée; un escadron de hussards servait d'escorte. Vers midi, le prince et les états-majors arrivaient à Fornovo[1].

Le général en chef s'établit dans un joli petit château, à un kilomètre au delà de la ville.

A la chute du jour, sur les hauteurs de l'Apennin, de tous côtés s'allumèrent de grands feux. Les officiers de l'état-major général s'émurent à cette vue, s'imaginant reconnaître là des signaux destinés à prévenir les Autrichiens de la marche des troupes françaises. Le général en chef et ses états-majors se trouvaient isolés

1. Fornoue, célèbre par la victoire de Charles VIII.

au pied de l'Apennin, sur le versant septentrional, avec un escadron de hussards. Il n'eût plus manqué, pour achever de jeter le ridicule sur le malheureux prince Napoléon, que de se faire faire prisonnier, sans avoir combattu, auprès de ce Fornoue illustré par les armes françaises. Le général de Beaufort donna l'ordre que les chevaux restassent sellés toute la nuit, chacun se tenant prêt à monter à cheval afin de se replier sur la division Uhrich. Mon père reçut l'ordre de poster des grand'-gardes dans la direction où l'on savait les Autrichiens. Vers le milieu de la nuit, mon père s'avisa que l'on était le 24 juin et que ces feux qui émotionnaient si fort ses camarades pourraient bien n'être que de simples feux de joie, les feux de la Saint-Jean. Il fit part aux autres officiers de son idée ; on alla aux informations et on acquit la certitude qu'il en était ainsi. Néanmoins, pour plus de sûreté, tous les chevaux restèrent sellés pendant la nuit, mais chacun s'accorda un peu de repos à tour de rôle.

Le lendemain, samedi 25 juin, tandis que les troupes descendaient l'Apennin sur Fornoue, le prince Napoléon, avec l'état-major du corps d'armée et son escorte de hussards, traversant la plaine en une étape de vingt-deux kilomètres, faisait un peu avant midi une entrée triomphale à Parme.

Ses logements avaient été préparés au palais San-Vitale, magnifique demeure appartenant au marquis de San-Vitale, qui avait épousé une fille de Marie-Louise et du général Neipperg. Au lieu de descendre au palais San-Vitale, le prince Napoléon fut s'installer au palais ducal. La duchesse de Parme, Mademoiselle, fille du duc de Berry, avait quitté peu auparavant sa capitale. Il prit la chambre de la princesse ; Émile Augier occupa l'appartement réservé à M. le comte de Chambord lorsqu'il venait voir sa sœur, et ainsi de tout l'entourage particulier du fils du roi Jérôme.

L'état-major général du corps d'armée fut descendre au palais San-Vitale. Le maître de la maison vint recevoir les officiers français à l'entrée de sa demeure, puis, après les avoir introduits dans ses salons, leur dit :

« Messieurs, ma femme et moi nous n'attendions pour nous mettre à table que votre arrivée. Je pense que vous nous ferez l'honneur d'accepter de déjeuner avec nous. »

Le général de Beaufort d'Hautpoul faisait des cérémonies et préparait un refus. Mon père prit la parole :

« Pardon, mon général, mais c'est moi qui suis chef de calote ; au nom de mes camarades et au mien, j'accepte avec reconnaissance l'aimable invitation de Monsieur le marquis de San-Vitale. »

Puis, se retournant vers leur hôte :

« Jamais gracieuse invitation n'aura été acceptée de meilleur cœur et ne pouvait venir plus à propos. Monsieur le marquis, nous ferons honneur à votre déjeuner, avec reconnaissance. »

La marquise de San-Vitale entra sur ces entrefaites, prit le bras du général de Beaufort, qui se laissa faire une douce violence et passa, suivi de ses officiers, dans la salle à manger, où fut servi un magnifique déjeuner. Les hôtes étaient fort aimables, gens d'agréable et d'excellente compagnie ; semblable résidence était une bonne fortune pour l'état-major général. En sortant de table, le marquis prit mon père à part :

« Commandant, lui dit-il, puisque vous êtes chef de calote, voici une clef de ma cave. Veuillez y faire prendre chaque jour ce que vous désirerez pour vos camarades et vous.

— Monsieur, vous êtes trop aimable. Je vous remercie de votre offre gracieuse, mais permettez-moi de ne pas l'accepter.

— Par exemple, et pourquoi donc ?

— Parce que ni mes camarades ni moi ne serons assez indiscrets pour cela.

— Écoutez, mon cher commandant, à Parme vous ne trouverez que du vin des plus médiocres. Je ne me pardonnerais pas de vous laisser boire de mauvais vin d'Italie, tandis que j'ai dans mes caves plus de *quatre cent mille bouteilles* de bon vin de votre pays. Ce n'est pas ce que vous pourrez en boire qui fera une brèche à notre provision de vin de France. Vous nous désobligeriez infiniment, ma femme et moi, en persistant dans votre refus. »

L'offre était faite de si bonne grâce que mon père finit par l'accepter. Pendant son séjour à Parme, mon père voyait chaque jour ses hôtes. La fille de Marie-Louise était une personne intelligente, instruite, femme d'esprit, d'un commerce agréable.

Dans une conversation avec le marquis, l'entretien étant venu à rouler sur l'archiduchesse, sa belle-mère, mon père offrit à M. de San-Vitale de lui donner une lettre de cette princesse à madame-mère (Letitia) annonçant la mort du duc de Reichstadt, par le fait demi-frère de la marquise de San-Vitale. Cette lettre avait été donnée récemment à mon père par l'exécuteur testamentaire du roi Joseph Bonaparte. Le marquis de San-Vitale accepta seulement de prendre communication de la lettre de sa belle-mère, et lorsque, de retour de France, mon père l'eut adressée à ses hôtes de Parme, ces derniers, après en avoir pris connaissance, s'empressèrent de la renvoyer. — Cette lettre, datée de Schœnbrunn, 23 juillet 1832, est tout entière de la main de l'impératrice Marie-Louise :

Madame, dans l'espoir d'adoucir l'amertume de la douloureuse nouvelle que je suis malheureusement dans le cas de vous annoncer, je n'ai voulu céder à personne le soin pénible de vous en faire part. Dimanche 22, à cinq heures du matin, mon fils chéri, le duc de Reichstadt a succombé à ses longues et cruelles souffrances. J'ai eu la consolation d'être auprès de lui dans ses derniers moments et celle de pouvoir me convaincre que rien n'a été négligé pour le conserver à la vie. Mais les secours de l'art ont été impuissants contre une maladie de poitrine que les médecins, dès le principe, ont unanimement jugée d'une nature si dangereuse qu'elle devait infailliblement conduire au tombeau mon malheureux fils, à l'âge où il donnait les plus belles espérances. Dieu en a disposé! Il ne nous reste qu'à nous soumettre à sa volonté suprême et à confondre nos regrets et nos larmes.

Agréez, Madame, dans cette douloureuse circonstance, l'expression des sentiments d'attachement et de considération que vous a voués

Votre affectionnée,

MARIE-LOUISE[1].

Le jour même de son arrivée à Parme, le prince Napoléon reçut au palais le commissaire général du duché, chambellan de la duchesse de Parme, laissé par la princesse dans la capitale. Le comte d'Allasta eut avec le cousin de Napoléon III une longue conversation dans laquelle ce dernier affirma que non seulement la fille du duc de Berri ne serait pas dépouillée de ses États, mais qu'elle recevrait une augmentation de territoire.

Le comte d'Allasta connaissait mon père de longue date et vint le voir au palais San-Vitale, au sortir de son entrevue avec le prince Napoléon. Le pauvre chambellan était dans la joie de son âme; le prince Napoléon, qui, lorsqu'il voulait s'en donner la

---

1. Comparer la lettre de Marie-Louise à l'archiduc Ferdinand d'Este publiée dans la *Revue historique*, LXIV, 93.

peine, était un véritable charmeur, avait séduit son interlocuteur. Le commissaire général de la duchesse de Parme était enchanté du général en chef du 5ᵉ corps. Il voyait déjà la princesse reprenant possession de ses États et considérait comme une preuve de tact, comme une manifestation de bon goût les bonnes dispositions du gouvernement français à l'égard de la descendante des rois de France. Mon père eut beaucoup de peine à le désabuser. Connaissant le prince Napoléon, ses sentiments, mon père reconnut vite dans ses assertions une de ces facéties dont, malgré son incomparable esprit, sa haute et puissante intelligence, ne sut jamais se préserver l'*enfant gâté* du roi Jérôme, resté toujours un spirituel enfant terrible.

Le lendemain, le comte d'Allasta revint trouver mon père; il désirait faire parvenir à sa souveraine diverses communications secrètes et confidentielles. Craignant avec raison que sa lettre fût décachetée, peut-être même interceptée, il ne savait comment s'y prendre; il venait conter son embarras et prendre conseil. Mon père se prit à rire :

« Confiez-moi votre lettre, mon cher ami, et soyez sans inquiétude. Je vous promets qu'elle parviendra, je vous garantis même qu'elle arrivera intacte. »

Quelques heures plus tard, mon père se rendait au palais ducal prendre la missive. En la recevant des mains du comte, mon père immédiatement passa chez un officier d'ordonnance du prince Napoléon, fit sceller la lettre du sceau du prince et apposer le timbre du commandant en chef, puis la remettant sous les yeux de M. d'Allasta :

« Puisque, dites-vous, le prince Napoléon est si bien disposé en faveur de votre princesse, j'entre dans ses vues en faisant tenir sous son couvert la correspondance de la princesse. »

C'est ainsi que le prince démocrate, l'ennemi de la branche aînée des Bourbons, servit d'intermédiaire entre la sœur de M. le comte de Chambord et l'homme de confiance de cette princesse.

Le dimanche 26 arriva à Parme la nouvelle officielle de la victoire de Solférino. Ainsi, le malheureux 5ᵉ corps, après une marche des plus pénibles, par une chaleur qui avait tué une quarantaine d'hommes de troupe et plusieurs officiers, arrivait, comme les carabiniers d'Offenbach, *trop tard, trop tard!*

Le prince Napoléon reçut en même temps un officier que lui

envoyait de Crémone le général d'Autemarre pour prévenir qu'il
y établissait le quartier de sa division.

Immédiatement, le prince se rendit de sa personne à Piadena,
auprès du général d'Autemarre, après avoir franchi le Pô à
Casalmaggiore, où des officiers d'artillerie de la 1ʳᵉ division réu-
nissaient des bateaux pour construire un pont. Comme les Autrichiens étaient en face, à Mantoue, dont la garnison avait été
augmentée d'un corps allemand tout entier (le 11ᵉ), le général
d'Autemarre, pour assurer le libre passage du Pô aux troupes
venant de l'Apennin, fit occuper Bozzolo, San-Giovanni, Spinetta
et Sabbioneta par les 3ᵉ de zouaves et 75ᵉ de ligne.

Ce même jour, 26 juin, la 1ʳᵉ brigade de la division Uhrich fit
son entrée à Parme. Les Toscans y arrivèrent également.

Le prince Napoléon, en rentrant de Piadena le soir, fut au
théâtre l'objet d'une ovation. Le 27, la brigade Cauvin du Bourguet, la cavalerie de Lapérouse rallièrent les autres troupes, des
logements avaient été préparés d'avance, et les troupes goûtèrent
à Parme un repos de quarante-huit heures.

La division Uhrich, partie dans la nuit du 29 au 30 pour éviter la trop grande chaleur et diminuer le nombre des cas d'insolation, franchit le Pô à Casalmaggiore au moyen d'une traille, le
pont n'ayant pu être terminé, malgré un travail incessant de
jour et de nuit de l'artillerie. On comprendra les difficultés
inouïes de cette opération lorsque l'on saura qu'en raison des
orages récents, le fleuve avait à Casalmaggiore et aux environs
un kilomètre de largeur, et que, n'ayant pas d'équipages de
pont réguliers sous la main, il avait fallu faire descendre
d'amont en aval et remonter d'aval en amont toutes les barques,
bateaux, embarcations petites ou grandes que l'on avait pu trouver sur les deux rives.

Le prince Napoléon partit de Parme le 30 à six heures du
matin avec ses états-majors et la cavalerie, franchit d'une seule
traite les vingt-deux kilomètres de Parme à Casalmaggiore et
arriva sur les bords du fleuve au moment où on terminait la dernière travée. Il dut attendre près d'un quart d'heure. Il entra
dans une violente colère ; il adressa des reproches aussi peu méri-
tés qu'en termes peu mesurés au capitaine des pontonniers et à
ses braves officiers, qui venaient d'accomplir avec dévouement et
intelligence un tour de force véritable en construisant un pont
solide et d'une longueur effrayante avec les moyens les plus insuf-
fisants. Le colonel de Franconnière, voyant le chagrin que les

paroles injustes du prince causaient aux officiers, fit observer assez vivement à son général combien il avait tort de rudoyer de braves gens, au travail sans désemparer depuis trois jours et trois nuits. Rendons cette justice au prince Napoléon ; non seulement il ne trouva pas mauvaises les observations de son aide de camp, mais lui dit d'engager à dîner pour le soir les officiers de pontonniers, à l'un desquels il fit obtenir la croix.

La plus grande partie du corps d'armée passa la journée du jeudi 30 juin à Casalmaggiore, dans une ignorance complète de ce qui se ferait le lendemain. Un orage épouvantable s'abattit sur la ville, ce qui n'empêcha pas les habitants de fêter de leur mieux les troupes françaises. Le soir, un officier de l'état-major du 5e corps, le capitaine de Châtillon, qui avait été envoyé en mission au quartier général impérial, en revint. Il apportait des détails sur la bataille de Solférino.

Il apprit à mon père la mort du colonel de Maleville, blessé en chargeant à la tête du 55e de ligne, le drapeau du régiment à la main. Petit-fils d'un des auteurs du code civil, fils du pair de France, marquis de Maleville, premier président de la cour d'Amiens à l'époque où le général Du Casse, mon grand-père, commandait le département de la Somme, le colonel de Maleville avait été élevé avec mon père. Ils étaient restés fort liés, et cette mort fut pour mon père un coup pénible[1].

En quittant Parme, le général de Beaufort avait reçu un petit mot du prince Napoléon, ainsi conçu : « Dire à Du Casse de faire un rapport sur les opérations du 5e corps pour être adressé à l'empereur ; le rapport me sera remis à deux heures et pourra être inséré au *Moniteur*. » Le général de Beaufort, en montant à cheval, remit à mon père le petit mot du prince. Aussitôt arrivé à l'étape, mon père se mit au travail, et, dans la soirée du 30 juin, à Casalmaggiore, porta au prince Napoléon le projet de rapport demandé.

---

1. La mort du colonel de Maleville a inspiré une des plus jolies toiles d'un peintre militaire fort connu, Beaucé. J'ai retrouvé, dans les papiers de mon beau-père (alors aide de camp du général de Failly) le capitaine de Beurnonville, l'extrait du rapport du commandant de la division sur cet épisode héroïque : « La balle qui a frappé le colonel de Maleville n'est pas venue le trouver obscurément au milieu des siens. C'est à la tête de son régiment, écrasé par les forces ennemies *et le drapeau à la main,* qu'il est tombé. Il ne fallait rien moins que sa bravoure chevaleresque pour retenir ses hommes dans un pareil moment. » Et le maréchal Niel, commandant du corps d'armée, écrit : « Le colonel de Maleville était un véritable héros. Sa mort laisse bien en arrière les plus beaux traits de notre histoire et de l'antiquité. »

Le prince le lut, l'étudia attentivement, le corrigea de sa main et le rendit à mon père revu, annoté, corrigé *ne varietur* pour être copié par quelque sous-officier doué d'une écriture jolie et lisible, mérite calligraphique dont le prince et mon père étaient également dépourvus. Voici ce document tel qu'il sortit des mains du cousin de Napoléon III :

Piadena, le 1ᵉʳ juillet 1859.

Sire, jusqu'à ce jour, la mission du 5ᵉ corps, dont Votre Majesté a daigné me confier le commandement, a été mi-partie politique et mi-partie militaire.

Seule, la division d'Autemarre, retenue à l'armée de Votre Majesté, a été assez heureuse pour qu'un de ses régiments, engagé avec l'ennemi, se couvrit de gloire à Palestro. Un autre, le 93ᵉ, a eu aussi le bonheur de combattre à Montebello.

Le 5ᵉ corps, en se réunissant en Toscane, avait pour mission politique :

1° De maintenir ce duché dans la ligne de conduite tracée par Votre Majesté elle-même, c'est-à-dire, d'une part, de contenir dans de justes limites l'expression du sentiment patriotique, afin que ce sentiment ne dépassât pas les sages et bienveillantes intentions du gouvernement français ; d'une autre, d'organiser militairement toutes les ressources que l'on pourrait tirer de ce pays ainsi que des duchés de Parme et de Modène.

2° De s'opposer aux manœuvres qu'aurait pu vouloir tenter le parti autrichien, réduit aux abois depuis la révolution pacifique du 27 avril.

3° De contraindre, par la présence du drapeau français sur les frontières de la Romagne, le gouvernement autrichien à observer strictement et loyalement la neutralité dans les États du pape.

4° De prouver à la grande majorité des habitants bien intentionnés qu'un retour offensif de la part des partisans de l'Autriche est désormais impossible ; enfin de donner au monde entier la mesure du patriotisme qui règne en Toscane et dans les duchés en permettant aux habitants de faire éclater, sans entrave, l'expression de leur enthousiasme pour la cause de l'indépendance italienne et de leur reconnaissance pour les bienveillantes intentions du gouvernement de Votre Majesté.

La mission militaire du 5ᵉ corps était la suivante :

1° Empêcher un corps autrichien de faire une pointe sur la Toscane ou même d'envahir entièrement ce pays, ce qui n'eût pas manqué de jeter la perturbation et le deuil sur ces contrées ; priver l'ennemi des précieuses ressources d'un duché dont la presque totalité des habitants est favorable à la cause de l'indépendance.

2° Menacer le flanc gauche de l'armée autrichienne en compromettant ses lignes de retraite, hâter son abandon des duchés dès après la première victoire de l'armée alliée.

Non seulement ces divers buts ont été atteints heureusement et sans coup férir par la présence seule à Livourne, à Florence, aux débouchés des Apennins des troupes du 5ᵉ corps, mais ils ont été en quelque sorte dépassés :

1° Au point de vue politique : la Toscane a joui de la plus grande tranquillité ; les manifestations populaires n'ont point été au delà des plus sages limites ; elles n'ont pas troublé un seul instant le pays, elles ne l'ont pas effrayé, elles l'ont au contraire, en quelque sorte, rassuré pour l'avenir. Sous la protection du drapeau français, l'armée toscane, désorganisée après le 27 avril, a pu se réorganiser assez vite pour qu'aujourd'hui elle donne au 5ᵉ corps un appoint de 12 à 13,000 bons soldats, armés, équipés et prêts à se mesurer avec l'ennemi ; pour qu'une division de volontaires aux ordres du général Mezzacapo s'organise également à Florence, sans que le pays soit privé du régiment de gendarmes toscans, fort de 2,000 hommes et suffisant pour maintenir la tranquillité ; pour qu'aucune manifestation favorable à la cause autrichienne n'ait osé se produire ; pour que la neutralité n'ait pu être violée par l'ennemi dans les États pontificaux.

Enfin, l'enthousiasme qui s'est produit dans tous les lieux parcourus par le 5ᵉ corps, depuis le jour de son débarquement à Livourne jusqu'à celui de sa jonction avec l'armée de Votre Majesté, les ovations qu'il a reçues, lui et son chef, à Livourne, à Florence, à Lucques, à Massa, à Parme et dans toutes les localités petites ou grandes où il a dû s'arrêter, qu'il n'a fait même que traverser, sont un témoignage authentique et qui ne saurait manquer de produire un effet moral que Votre Majesté mieux que personne saura apprécier.

2° Au point de vue militaire :

La présence du 5ᵉ corps en Toscane, c'est-à-dire d'une division d'infanterie, d'une brigade de cavalerie et neuf batteries, a retenu les corps autrichiens qui, des bords du Mincio, semblaient prêts à se jeter sur les riches plaines qui avoisinent la rive droite du Pô ; la présence de ce corps prêt à déboucher sur l'armée autrichienne a imprimé à cette armée une crainte assez vive pour qu'elle se soit hâtée, dès après la bataille de Magenta, d'abandonner Plaisance et successivement toutes ses positions sur la rive droite du Pô, faisant sauter des ouvrages qui avaient coûté beaucoup à l'Autriche.

Tels sont, Sire, les résultats qui ont été la conséquence de l'envoi par Votre Majesté du 5ᵉ corps en Toscane et dans les duchés. Il me reste à faire connaître en peu de mots à Votre Majesté les opérations, malheureusement toutes pacifiques jusqu'à ce jour, de la partie de ce corps réunie en Toscane.

Le 12 mai dernier, la presque totalité de la 1ʳᵉ division du 5ᵉ corps (division d'Autemarre) débarquait à Gênes.

Je me trouvais moi-même dans cette ville ainsi que le général de Beaufort d'Hautpoul, mon chef d'état-major général, et une partie de mon état-major.

Le 14, le 3ᵉ de zouaves de la division d'Autemarre est envoyé à Bobbio.

Le 17, le 5ᵉ corps, moins la division d'Autemarre, reçoit de Votre Majesté l'ordre de se rendre à Livourne, où doivent être transportées directement de France les troupes de la 2ᵉ division (Uhrich) arrivant toute organisée de Paris. La brigade de cavalerie légère de Lapérouse reçoit également l'ordre de s'embarquer pour Livourne, tandis que la division d'Autemarre est détachée provisoirement du 5ᵉ au 1ᵉʳ corps à Voghera.

Le 23 mai, je débarquais à Livourne, où ne tardaient pas à se concentrer les deux brigades de la 2ᵉ division, la brigade de cavalerie, l'artillerie divisionnaire, l'artillerie de réserve et le parc arrivant de France.

Le 31 mai, je transportais mon quartier général à Florence; la 1ʳᵉ brigade de la 2ᵉ division, la cavalerie, l'artillerie et tous les services administratifs se concentraient dans cette ville, tandis que la 2ᵉ brigade se portait de Lucques à Pistoïa, occupant par des postes avancés tous les débouchés des Apennins et le nœud des routes. Le général toscan Ulloa portait, sur mon ordre, la brigade organisée de sa division également aux débouchés principaux de la Romagne.

Le 12 juin, le but politique que Votre Majesté voulait d'abord et avant tout atteindre par la présence du 5ᵉ corps étant accompli, il me fut permis de commencer mon mouvement pour rallier la division d'Autemarre et me joindre à l'armée de Votre Majesté.

Tandis que je dirigeais la division toscane sur Parme par le duché de Modène et par la route du col de l'Abbetone, je fis marcher les troupes françaises qui se trouvaient de Lucques à San-Marcello et à Florence par Lucques, Massa, Pontremoli et Parme.

Cette marche de seize jours, effectuée dans des conditions atmosphériques souvent peu favorables, m'a permis de constater la force morale et l'excellente discipline des troupes de Votre Majesté.

La division Uhrich (14e bataillon de chasseurs à pied, 18e, 26e, 80e, 82e de ligne), les 6e et 8e de hussards de la brigade de Lapérouse, l'escadron des guides toscans qui s'est joint aux troupes françaises, les neuf batteries divisionnaires ou de réserve, les deux batteries du parc du 5e corps ont dû marcher sous une température élevée, et plusieurs fois ces troupes ont eu à supporter de violents orages. Dans l'Apennin elles ont été obligées de franchir plusieurs torrents grossis par les pluies.

Non seulement l'état sanitaire s'est maintenu dans les conditions les plus favorables, non seulement hommes et chevaux ont très bien supporté la fatigue, mais je n'ai eu qu'à me louer de la discipline parfaite maintenue dans tous les corps par les chefs et par les officiers.

Le passage au milieu des populations n'a donné lieu à aucune plainte sérieuse.

Les troupes que j'amène à Votre Majesté et qui opèrent aujourd'hui même leur jonction avec la 1re division du 5e corps et qui demain opéreront leur jonction avec l'armée sont remplies d'ardeur. Elles brûlent de rencontrer l'ennemi, qu'elles n'ont point encore eu occasion de trouver devant elles. Le 5e corps serait heureux, Sire, qu'une occasion se présentât pour lui de prouver son courage, son dévouement à la France et à Votre Majesté.

Ce rapport est un exposé exact et fidèle des services rendus par le 5e corps pendant la campagne d'Italie.

Par exemple, quand le prince se félicite du *maintien en Toscane de la ligne de conduite tracée par l'empereur,* on doit reconnaître qu'il s'attribue un mérite qui ne fut guère le sien. Il eût plutôt brouillé les cartes. Qu'on consulte à cet égard les rapports du ministre de France à Florence, le marquis de Ferrières-Levayer.

De même l'assertion du rapport : « Contraindre par la présence de notre drapeau le gouvernement autrichien à observer strictement et loyalement la neutralité dans les États du pape, » semble une amère plaisanterie, en songeant aux instructions du prince à la division Mezzacapo.

Le vendredi 1er juillet, les troupes du 5e corps, ayant à leur tête leur général en chef, partirent de Casalmaggiore pour Piadena. Le trajet (dix-huit kilomètres) était court; il ne fut pas fait de grande halte, ce qui, du reste, arrivait trop souvent. A Piadena eut lieu la réunion du corps d'armée tout entier par la jonction de la division d'Autemarre avec les troupes arrivant de l'Italie centrale.

De Piadena, on entendait très distinctement le canon de Mantoue. Quelques déserteurs hongrois conduits par un voiturier mantouan qui s'était échappé de la ville vinrent le vendredi 1ᵉʳ juillet chercher un refuge au campement du 5ᵉ corps.

Le jour suivant, le 5ᵉ corps se porte de Piadena à Piubega, par Acqua-Negra. Sa marche subit un temps d'arrêt à mi-chemin; les Autrichiens ayant brûlé le pont sur l'Oglio après la bataille du 24, il fallut jeter un pont de bateaux sur la rivière à Canneto. Un joli désordre se produisit alors dans les bagages; heureusement, l'ennemi, assez rapproché du 5ᵉ corps, songeait plus à l'éviter qu'à entraver sa marche.

Le 5ᵉ corps, réuni depuis deux jours, continua sa marche le 3 juillet par une chaleur intense pour rallier la grande armée sur les bords du Mincio. Le quartier général impérial était à Valeggio. Le corps d'armée avait pour objectif Goïto, célèbre par la bataille livrée quelques années plus tôt par les Sardes aux Autrichiens. L'étape n'était pas longue, mais on fut obligé de marcher assez doucement pour ne pas laisser d'hommes en arrière. Vers trois heures de l'après-midi, le prince fit appeler mon père et lui donna l'ordre de porter à l'empereur le rapport sur les opérations du 5ᵉ corps. Mon père allait partir, lorsque, le chef d'état-major ayant fait observer le danger pour les hommes et les chevaux de faire cette course par une chaleur de près de *cinquante degrés,* contre-ordre fut donné. Mon père fut avisé de partir le lendemain au petit jour.

Le 4 juillet, vers trois heures du matin, mon père se mit en route avec une escorte de hussards, le capitaine toscan Corsi et un des officiers supérieurs de l'état-major particulier du prince, le commandant Ragon. Mon père avait l'ordre de remettre le rapport du commandant du 5ᵉ corps au major général ou à l'empereur et de reconnaître l'emplacement où les troupes devaient se placer à leur réunion avec l'armée alliée. Comme on n'était pas éloigné des Autrichiens, la petite troupe marcha avec précaution pour ne pas se faire enlever. Elle franchit le Mincio à

Pozzolo, suivit la rive droite de la rivière et ne tarda pas à apercevoir le clocher de Valeggio.

Là, le spectacle le plus curieux, la fourmilière la plus animée qu'il fût possible de voir. Près de cent mille hommes grouillaient pêle-mêle dans les rues étroites de la petite ville de Valeggio; chevaux, troupeaux de moutons, de bœufs, uniformes français de tous les régiments, sardes, fantassins, artilleurs, garde impériale, train des équipages, services administratifs, généraux et soldats, cohue se heurtant, se coudoyant.

Le petit château où l'empereur avait établi son quartier général se trouvait à l'extrémité opposée de celle par laquelle mon père était entré à Valeggio. Il mit presque autant de temps pour se rendre à la résidence impériale que pour venir de Goïto. A chaque pas, forcé de s'arrêter pour laisser passer un détachement, des voitures, des chevaux montés ou en main, des bœufs se rendant à l'abattoir. Devant les cafés, devant des cambuses improvisées dans toutes les maisons de la ville, des officiers, des camarades l'interpellaient, lui et le commandant Ragon, leur serraient la main.

Enfin, on arrive devant le château. Deux grenadiers de la garde étaient en faction. Un planton indique au fond de la cour une petite porte et un étroit escalier conduisant à l'appartement du major général maréchal Vaillant.

Mon père met pied à terre, monte deux étages et sonne. Un gros monsieur en manches de chemise ouvre la porte et demande brusquement :

« Que voulez-vous? »

Mon père reconnaît le maréchal Vaillant :

« Je suis envoyé auprès de Votre Excellence...

— Hé, laissez Mon Excellence tranquille, interrompit le maréchal Vaillant.

— Comme vous voudrez, répond mon père aussi surpris que peu flatté de cette singulière réception.

— Enfin, que voulez-vous?

— Vous remettre le rapport du prince Napoléon et savoir où le 5e corps doit bivouaquer.

— Ça ne me regarde pas, allez chez Martimprey, » et du doigt il indique une porte en face, puis ferme brusquement la sienne au nez de son interlocuteur.

Cet accueil du maréchal Vaillant rappela à mon père l'accueil fait par ce même Vaillant, alors ministre de la Guerre, à la mère d'un jeune officier. Reçue encore plus brutalement que mon père, la marquise de X..., muette d'étonnement, ne trouvait aucune parole pour exprimer l'objet de sa demande d'audience et restait bouche bée devant le ministre :

« Hé bien, lui crie ce dernier, vous déciderez-vous à parler ? Vous voilà comme un as de pique devant un *sanglier !*

— Oh, Monsieur le maréchal, *pas si sauvage que cela,* » riposte la dame, faisant une révérence de cour des plus profondes et se retirant sans ajouter un seul mot, tandis que Vaillant se retourne vers son aide de camp en disant :

« Voilà bien les marquises du faubourg Saint-Germain ; elles viennent chez les gens les traiter de gros cochons ! » (textuel).

Mon père n'exprima pas sa manière de voir aussi nettement que l'avait fait la mère de son jeune camarade, mais il ne put s'empêcher de penser qu'elle était quelque peu dans le vrai.

Tout autre fut la réception du premier aide-major général comte de Martimprey. Il prit le rapport des mains de mon père, lui dit qu'il allait le remettre à l'empereur, puis lui indiqua sur une carte l'emplacement du 5ᵉ corps. Le tout avec bienveillance, politesse et affabilité.

Mon père, après avoir quitté l'aimable et intelligent comte de Martimprey, se remit en selle et avec le commandant Ragon, suivis de leur petite escorte de hussards, ils se dirigèrent vers Pozzolo pour reconnaître le bivouac du 5ᵉ corps à la droite du 4ᵉ, entre Pozzolo et Valeggio. Il était neuf heures du matin, la chaleur était intense. La petite troupe filait en avant des grand'-gardes françaises formées ce jour-là par les cuirassiers et les dragons de la garde, cuisant dans leurs carapaces de fer et sous leurs casques de métal, tandis que les troupes de ligne avaient le képi. Tout à coup, un parti de cavaliers se fait apercevoir dans le lointain, sabre au clair, au galop de charge. Leur petit shako et leur dolman brun les font prendre pour des uhlans autrichiens. Mon père et son escorte se replient sur une grand'garde commandée par un officier des dragons de l'impératrice, et, après avoir rallié la grand'garde, s'apprêtent à prendre l'offensive, lorsque, le parti ennemi se rapprochant à portée de fusil, l'officier de dragons se met à rire et explique à mon père que ces uhlans sont un détachement du 2ᵉ hussards, le seul régiment de cavalerie légère qui, à l'armée d'Italie, ait conservé la coiffure d'ordonnance et n'ait pas le képi. De leur côté, les hussards du 2ᵉ, en arrivant sur la grand'garde, s'arrêtent fort confus et tout penauds. Ignorant l'uniforme toscan, ils avaient pris le capitaine Corsi pour un officier autrichien, et la vue des dolmans blancs du 8ᵉ hussards avait confirmé leur méprise.

Il faisait très chaud, et une forte rasade à la santé du 5ᵉ corps consola chacun du chagrin de n'avoir pu donner un coup de sabre.

Les deux officiers français et l'officier toscan avec leur escorte s'en furent déjeuner à Pozzolo, après avoir eu soin de placer une vedette pour éviter toute surprise, car ils étaient à un kilomètre de l'ennemi. La mission revint sans autre aventure au quartier général du 5ᵉ corps à Goïto, où les ordres furent donnés pour que les troupes se missent en marche le lendemain, à trois heures du matin, pour Pozzolo.

Le mercredi 5 juillet, dès l'aurore, une chaleur insupportable régnait sur les bords du Mincio, développant des myriades de moucherons, de moustiques, d'animalcules qui se mélangeaient aux aliments, s'introduisaient dans les voies respiratoires et causaient un véritable supplice.

Les troupes du 5ᵉ corps quittèrent Goïto à trois heures du matin, se dirigeant sur Pozzolo.

Vers midi, presque toutes les troupes avaient pris possession de leurs cantonnements. La chaleur était telle qu'il y eut plusieurs morts d'hommes par insolation, entre autres celle du chef de bataillon Gros-Lambert, du 99ᵉ ligne. Dans la journée, l'ordre vint du quartier général impérial d'occuper les hauteurs. Il fallut de nouveau déranger les troupes. Les pauvres soldats, exténués par ces marches continuelles, chargés de vivres et à qui souvent on ne faisait pas faire les haltes prescrites par de sages ordonnances, s'éloignaient et quittaient les rangs et les colonnes pour chercher des fontaines, des puits, de l'eau potable. Ils buvaient alors à longs traits, au risque de se tuer. Le colonel de Montmarie, comprenant le danger pour ses hommes de trop absorber d'eau, passait son temps, de planton au bord des puits signalés, à éloigner ceux de ses soldats qui se laissaient aller sans discernement à étancher leur soif ardente. Dans la nuit, le 5ᵉ corps reçut l'ordre de se préparer à quitter Pozzolo pour marcher sur Salionze, laide petite ville située entre le Mincio et la rivière le Tione, au-dessus de Valeggio, à quelques lieues du lac de

Garde. Le 5ᵉ corps, par ce mouvement, passait au centre de l'ordre de bataille de l'armée alliée. Il fut décidé que l'infanterie marcherait par la rive gauche du Mincio, la cavalerie par la rive droite, et que, pour éviter tout encombrement, les bagages passeraient par Volta et Monzambano, plus en arrière. Grâce à ces précautions, les troupes arrivèrent à l'étape sans accident et prirent leurs bivouacs autour de la ville d'assez bonne heure. Le prince se logea dans un petit château à l'extrémité de Salionze. Vers quatre heures, les chefs de corps furent prévenus d'avoir à envoyer un officier de chaque régiment à l'état-major général pour copier un ordre des plus importants. Cet ordre avait été donné par l'empereur pour la bataille qui devait avoir lieu, d'après les idées de Sa Majesté, le lendemain, pour forcer les Autrichiens à débloquer la place de Peschiera.

Après avoir expliqué qu'il attachait une grande importance à la prise de la première place du quadrilatère, l'empereur, persuadé que l'ennemi viendrait nous attaquer, prescrivait l'ordre de bataille des corps de l'armée alliée pour la journée du lendemain. La droite devait être formée par le 3ᵉ corps (Canrobert) en avant de Valeggio, ayant en réserve la garde et à son extrême droite la division de cavalerie De Vaux. Le 2ᵉ corps (Mac-Mahon) devait former le centre, ayant à sa gauche le 4ᵉ corps (Niel). L'extrême gauche était donnée au 1ᵉʳ corps (Baraguay-d'Hilliers), appuyé des divisions sardes qui s'étendaient jusqu'à Peschiera, dont elles faisaient le siège. La mission du 5ᵉ corps était de se porter dès le matin par la grande route de Peschiera à Vérone, en arrière de Castelnuovo, en réserve de l'aile gauche et du centre.

Le chef d'état-major du 5ᵉ corps, le général de Beaufort, chargea mon père d'aller reconnaître le chemin de traverse par lequel les troupes du 5ᵉ corps devaient se porter le lendemain sur la grande route de Peschiera à Vérone, en arrière de Castelnuovo, et du 1ᵉʳ corps pour soutenir ce 1ᵉʳ corps.

Mon père partit avec une escorte de hussards et son inséparable capitaine toscan Corsi. Ils rencontrèrent une reconnaissance de uhlans autrichiens commandés par un jeune officier imberbe, véritable enfant de dix-sept à dix-huit ans. Ce jeune homme, au désespoir de se voir surpris par les nôtres, se défendit seul contre nous, refusant absolument de se rendre et voulant se faire tuer. Nos cavaliers l'épargnaient, admirant son courage et sa jeunesse.

Il reçut sept coups de sabre, blessures légères, parce qu'on le ménageait le plus possible ; enfin, son cheval, ayant été abattu d'un coup de pistolet, tomba sur lui et lui brisa la jambe. On le désarma et on l'envoya à l'ambulance. Il pleurait de rage d'être pris vivant.

Mon père rentra le soir vers neuf heures au quartier général du corps d'armée, ayant reconnu le terrain, prêt à guider les divisions Uhrich et d'Autemarre.

Le jeudi 7 juillet, tout dormait encore à deux heures et demie du matin à Salionze, le réveil ne devant être battu qu'à deux heures trois quarts et la mise en marche n'avoir lieu qu'à trois heures, lorsque le prince Napoléon se présenta à cheval avec son état-major particulier au quartier général du 5e corps, paraissant fort étonné de trouver tout le monde endormi. Le grand chef avait sans doute mal reposé. En un instant, on fut debout, les chevaux bridés, et on partit, guidés par mon père. On ne tarda pas à arriver près de la route de Vérone, en arrière de Castelnuovo. Le prince, qui marchait à la tête de la colonne, voulut gravir une éminence pour contempler le futur champ de bataille. A ce moment, on aperçoit, à quatre ou cinq kilomètres en avant au nord-est, une fumée assez intense. On crut que c'était celle du canon autrichien donnant le signal de la lutte. Il n'en était rien ; cette fumée était occasionnée par des troupes de la division Uhrich portées par erreur beaucoup trop en avant, et qui, ne voyant pas d'ennemi, faisaient le café. Le prince Napoléon fit un tête-à-queue rapide et se porta au galop de son cheval en arrière. Les officiers de l'état-major général faisaient mine de le suivre.

« Restez avec moi, Messieurs, leur cria le général de Beaufort, c'est moi qui suis votre chef. »

L'aurore était montée à l'horizon. Une chaleur tropicale commençait à se faire sentir. Tout à coup, vers huit heures du matin, un nuage de poussière annonça l'arrivée d'une troupe nombreuse. L'empereur et son état-major parcouraient au galop les diverses positions ordonnées par lui et occupées par l'armée alliée pour prévenir chaque corps d'avoir à rentrer dans ses cantonnements, l'ennemi ayant renoncé à livrer bataille ce jour-là ; on devait reprendre les mêmes positions le lendemain matin, à moins de contre-ordre.

Les troupes rentrées dans leurs cantonnements, comme le matin une partie de la division Uhrich s'était portée au delà du point qu'elle avait pour mission d'occuper, le général d'état-major, pour éviter que le fait se renouvelât, donna à mon père l'ordre de prendre avec lui un officier de l'état-major de chacune des divisions et de les mener, par le chemin le plus court, à l'emplacement destiné à leurs troupes sur le champ de bataille du lendemain. Partis après le déjeuner, mon père et ses camarades revinrent vers quatre heures du soir de leur reconnaissance. Leur retour fut salué par un fou rire au quartier général du corps d'armée :

« Hé bien ! avez-vous bien reconnu votre terrain?

— Oui, mon général.

— Vous ne vous tromperez pas?

— Non, certes.

— Tant mieux, mais ce sera pour une autre campagne.

— Comment cela?

— On ne se bat plus, la paix est à peu près conclue; l'empereur Napoléon III a reçu des propositions pacifiques de l'empereur d'Autriche. On est en pourparlers. Le prince Napoléon est en ce moment au camp ennemi pour signer un armistice. »

Les officiers du 5ᵉ corps ne laissaient pas que de trouver assez plaisant que l'empereur eût choisi pour traiter de la paix précisément le seul des commandants de corps d'armée qui n'avait pas vu le feu.

On sut en effet, le lendemain, que la paix ne tarderait pas à être conclue. Le roi de Piémont aurait volontiers, outre la Lombardie, annexé à ses états la Vénétie et vu continuer la guerre sans déplaisir. Mais les deux véritables belligérants avaient chacun des motifs sérieux de désirer la paix.

L'armée autrichienne, battue, démoralisée, en proie à une épidémie, ne pouvait tenir plus longtemps la campagne sans courir le risque d'être anéantie. Son artillerie ne lui était d'aucun service. Ses pièces étaient démontées avant même d'être mises en batterie et les servants hors de combat par le feu des canons rayés, qui avaient sur elle une écrasante supériorité de justesse et de portée. Les succès de l'armée française, en 1859, furent surtout le fait des canons rayés, œuvre du général d'artillerie baron Treuille de Beaulieu, que Napoléon III avait eu le bon esprit de soutenir et d'appuyer.

La continuation de la guerre était pour la France aussi une redoutable éventualité. L'Allemagne témoignait de dispositions

de plus en plus menaçantes. Des cas de typhus commençaient à
se déclarer. L'état sanitaire, jusqu'alors excellent dans l'armée
française, devenait inquiétant. Nul doute qu'un long séjour dans
le quadrilatère marécageux formé par les quatre places fortes,
boulevard de la Vénétie, ne dût déterminer une épidémie.

Aussitôt un accord conclu sur l'armistice, préliminaire de paix,
des cantonnements furent assignés aux divers corps de l'armée,
en dehors du territoire neutralisé autour de Peschiera. Le 5ᵉ corps
fut désigné pour occuper Desenzano et Rivoltella, sur les bords
du joli lac de Garde, en face de la presqu'île si pittoresque de
Sermione.

Le 9 juillet, mon père fut envoyé, avec le capitaine toscan
De Corsi, pour déterminer l'emplacement que les troupes auraient
à occuper. Là comme à Florence, comme à Piubega, mon père
dut montrer les dents pour se faire convenablement loger. Ayant
trouvé aux portes de Rivoltella un charmant petit château
nommé la villa Arrighi, il résolut d'y établir l'état-major général
du corps d'armée, le prince devant occuper un palais à Desenzano. Les propriétaires étaient absents. Un intendant italien
occupait la villa Arrighi. Mon père manda l'intendant et le pria
fort poliment de faire tout ouvrir pour que l'on pût s'établir dans
les appartements :

« Il n'y a pas de clefs, répondit l'intendant.

— Allons, toujours le même système..., quatre hussards et un
brigadier, pied à terre, enfoncez les portes. »

Là encore, les clefs se retrouvèrent comme par enchantement.

« Écoute bien, dit alors mon père à l'intendant, nous avons
l'habitude, en France, de payer tout ce que nous prenons ou
détériorons, mais pas d'opposition, ou je fais f... le feu à ta
baraque. »

A partir de ce moment et à la suite de cette déclaration, la
politesse de l'intendant devint de l'obséquiosité.

Le lendemain dimanche 10 juillet, mon père et plusieurs de
ses camarades montèrent à cheval pour visiter les environs des
bivouacs et s'aventurèrent sur la zone neutralisée autour de
Peschiera. En les apercevant, des officiers autrichiens de la garnison sortirent à cheval à leur rencontre :

« Messieurs, » dit l'un d'eux, qui, comme la plupart des Autrichiens, parlait le français dans la perfection, « nous regrettons
de ne pouvoir vous faire les honneurs de Peschiera.

— Pour nous, » dit un des officiers français, « nous serions très heureux que vous nous fissiez l'honneur d'accepter quelque rafraîchissement *sur nos terres*, à Mozambano. »

Immédiatement, le groupe franco-autrichien, causant et devisant de fort bonne amitié, s'achemina vers un village sur la rive gauche du Mincio. La chaleur était extrême. Quelques centaines de mètres avant le village, deux officiers français, MM. de Castex et de Châtillon, croyons-nous, se détachèrent pour faire préparer les rafraîchissements dans le principal *albergo* de l'endroit.

Les deux amis ne tardèrent pas à revenir vers leurs camarades, l'oreille basse et l'air tout penaud : ils n'avaient rien pu trouver.

« Il paraît, dirent-ils en riant aux officiers autrichiens, que vous avez tout consommé ; il n'y a pas un verre de vin ou d'eau-de-vie à Mozambano.

— Allons, s'écrie un jeune officier hongrois, vous ne savez pas vous faire servir par ces gens-là. Venez avec nous, vous allez voir qu'ils trouveront en un instant tout ce dont nous pourrons avoir besoin. »

Le groupe piqua droit sur l'auberge. En arrivant, les officiers autrichiens mirent pied à terre, entrèrent dans l'*albergo*, et, frappant à coups de cravache sur la table :

« Du vin, de l'eau-de-vie, des citrons et tout ce que tu as de meilleur.

— *Si signor*, » s'empressa de dire le patron en reconnaissant l'uniforme autrichien et en se précipitant avec ses garçons à la cave pour apporter ce que l'on demandait.

« Merci de cette bonne leçon, Messieurs, » dit un des Français.

Ils reconduisirent jusqu'aux portes de Peschiera leurs nouveaux amis, charmés de l'amabilité de ces aimables gens.

Le lundi 11 juillet, le 5ᵉ corps, à quatre heures du matin, quittait Salionze et s'installait à Rivoltella et à Desenzano. Le mardi 12, à la suite d'une entrevue entre les deux empereurs à Villafranca, la paix fut conclue. Le 12 au soir, le prince Napoléon revint de Vérone en disant : « La paix est insuffisante pour la France, mauvaise pour l'Autriche, magnifique pour le Piémont. »

Comme il émettait cette opinion à peu près dans les mêmes termes devant son beau-père, le roi Victor-Emmanuel lui dit :

« Hé bien ! alors, pourquoi votre cousin a-t-il fait la paix ?

— Parce qu'il s'est aperçu qu'il ne savait pas faire la guerre. »

C'était assez la vérité. Du reste, Napoléon III avait eu le bon sens de se rendre compte de son insuffisance militaire ; aussi, depuis la campagne d'Italie, évita-t-il la guerre autant qu'il le put. En 1866, il refusa de la déclarer, et ce fut peut-être un malheur pour la France. En 1870, il la repoussait de toutes ses forces. C'est même un spectacle curieux que celui de ce chef d'État déclarant une guerre dont il ne voulait pas, dont ses ministres ne voulaient pas, dont le parlement ne voulait pas, que le pays ne désirait pas beaucoup plus, et tout le monde cédant à un courant d'opinion créé par un seul homme, par un ministre de la Guerre, qui, se trompant lui-même, trompait tout le monde, ainsi que j'en ai eu personnellement deux preuves.

La veille de la déclaration de la guerre, mon père se rendait chez le général Lebrun. Ce dernier sortait ; il aperçoit son camarade :

« Du Casse, vous veniez me voir ?

— Oui, mon général, j'ai à vous parler.

— Montez dans ma voiture, dépêchez-vous ; je suis très pressé. Je vais au ministère prendre Le Bœuf et de là nous allons aux Tuileries pour tâcher de décider l'empereur, de l'*enlever*. Il recule, impossible de le faire consentir à la guerre.

— Ma foi, mon général, après tout, l'empereur n'a peut-être pas tort. Depuis 1863, je suis de près les Prussiens. Leur artillerie est formidable [1].

— Mais, mon pauvre Du Casse, vous en êtes resté à Sadowa. Nous sommes prêts et les Prussiens ne le sont pas.

— En êtes-vous bien sûr ?

---

1. En 1863, mon père avait publié sous le voile de l'anonyme une brochure intitulée : *Influence des inventions modernes sur l'art de la guerre.* Véritable cri d'alarme poussé par un patriote à la vue des dangers que faisait courir à la France, comme aux autres nations voisines, la supériorité de l'armement prussien. — L'aveuglement dans les hautes sphères gouvernementales était tel que le ministre de la Guerre fit combattre à outrance, dans le *Moniteur de l'armée,* par le général baron Ambert, la brochure de mon père. Bien plus, mon père fut averti par le maréchal d'Ornano que l'administration de la guerre cherchait à découvrir le nom de l'officier auteur du factum pour le mettre en *retrait d'emploi.* — Quatre ans plus tard, en 1867, les événements de Sadowa ayant, hélas, déjà commencé à donner raison à mon père, celui-ci, n'ayant plus, par suite de sa rentrée dans la vie civile, à redouter les foudres du ministre de la Guerre, voulut (et cette fois à visage découvert) appeler l'attention sur des questions objet de ses plus constantes préoccupations. Il lança une nouvelle brochure intitulée : *Un militaire de la Cour des comptes à un militaire du Conseil d'État ;* mon père étant devenu conseiller à la Cour des comptes et son antagoniste le général Ambert conseiller d'État.

— Si j'en suis sûr ! Mais c'est une occasion perdue qu'on ne retrouvera pas ; je vous dis et je vous répète que nous sommes prêts, *archi-prêts*.

— Et les Prussiens ne le sont pas ?

— Non. »

En entendant ces énergiques assurances du *premier aide-major général* désigné en cas de guerre, de plus, homme fort intelligent, soldat aussi instruit et expérimenté que brave, mon père sentit s'évanouir ses doutes. Il se prit même, dans son for intérieur, à concevoir une haute idée de la valeur et du mérite du ministre de la Guerre maréchal Le Bœuf, qui avait su parachever la préparation avec tant d'habileté, de célérité et en si grand secret que lui-même, mon père, n'en avait pas eu le soupçon, lui qui s'était imaginé jusque-là s'être tenu au courant des états de situation de l'armée française et des progrès prussiens.

La suite n'a que trop prouvé qu'il y était bien.

Au coin de la rue de Lille, où il demeurait, mon père quitta le général Lebrun et s'en revint convaincu que lui, Du Casse, n'avait pas vu clair depuis trois ans et que tout était pour le mieux dans la meilleure des armées.

Si le maréchal Le Bœuf avait pu faire partager son inconcevable aveuglement à un soldat de valeur aussi bien placé que l'était, pour démêler la vérité, le général Lebrun, combien plus facile avait dû être pour lui de persuader des gens qui n'étaient pas militaires. A cet égard, lorsque j'étais aux Affaires étrangères, le directeur des archives, M. Faugère, me raconta le fait suivant :

Au commencement de juillet 1870, M. Faugère, déjà directeur des archives, entrait vers dix heures du matin dans le cabinet de son ministre, alors le duc de Gramont. Après avoir réglé diverses affaires courantes, le ministre, qui, tout le temps de l'entretien, avait paru fort préoccupé, au moment où le directeur des archives se retirait, le rappela :

« Tenez, mon cher Faugère, prenez connaissance d'une déclaration que je dois lire aujourd'hui à la Chambre et dites-moi ce que vous en pensez. »

Le directeur des archives prit le papier qu'on lui tendait. C'était la déclaration si fière et si hautaine sur la candidature Hohenzollern. Fort peu démonstratif, Faugère, néanmoins, tressaillit à cette lecture et ne put dissimuler l'émotion qu'elle lui causait :

« Dois-je vous exprimer ma pensée tout entière, Monsieur le duc?

— C'est bien ainsi que je l'entends.

— Mais, Monsieur le duc, cette déclaration est d'une gravité extrême. Sa portée est incalculable. La guerre peut en sortir.

— Je le sais bien, » répliqua d'un ton calme et triste le ministre.

Puis, après une pause, il ajouta :

« Que voulez-vous, mon cher Faugère, il ne faut pas se faire d'illusion ; dans un temps donné, plus ou moins long, nous aurons la guerre avec la Prusse ; dans ces conditions, cette éventualité étant inévitable un jour ou l'autre, ne vaut-il pas mieux choisir notre moment au lieu de nous laisser surprendre?

« Or, Le Bœuf nous le disait encore hier au conseil des ministres : nous sommes prêts et les Prussiens ne le sont pas. Néanmoins, l'empereur désire vivement que la guerre soit évitée. Mais, si nous devons l'avoir, mieux vaut la faire avec les atouts dans la main. Le ministre de la Guerre affirme que semblable occasion se retrouvera difficilement. Si, grâce à ce que les Prussiens ne sont pas prêts et que nous le sommes, nous pouvons obtenir pacifiquement un recul de leur part, l'effet moral sera immense et nous délivrera peut-être pour de longues années de la perspective d'une guerre constamment suspendue sur notre tête. Ce serait peut-être un premier pas vers un désarmement général. »

En termes mesurés, raisonnés, le diplomate grand seigneur exprime exactement les mêmes idées que le général en son vif langage de troupier plein d'ardeur. C'est toujours la même chose : l'empereur ne veut pas de la guerre, mais le ministre de la Guerre a reconnu que l'armée française est prête et que l'armée prussienne ne l'est pas. *C'est une occasion perdue qui ne se retrouvera pas.*

L'empereur Napoléon III redoutait la guerre parce qu'il avait eu le bon sens de reconnaître, selon la remarque de son aimable cousin, qu'il ne savait pas la faire ; de plus, il ne l'aimait pas depuis Solférino. La vue du champ de bataille, si vivement disputé, si chèrement acheté, couvert de morts et de blessés, avait impressionné le souverain d'une manière profonde et ineffaçable. D'instincts doux, aussi désireux du bien-être d'autrui que du sien propre, il avait été au suprême degré affecté du carnage meurtrier de la victoire de Solférino.

Le jeudi 14 juillet, le 5ᵉ corps apprit avec une certaine stupéfaction que son général en chef, prince Napoléon, était parti et s'en était retourné à Paris avec une partie de sa maison militaire sans voir ses troupes, sans leur adresser un mot d'adieu, sans leur donner la moindre marque de sympathie, sans même aviser son corps d'officiers.

Le général d'Autemarre d'Ervillé prit le commandement du corps d'armée, qui fut, comme bien l'on pense, assez vite consolé du départ du prince.

Le 5ᵉ corps se porta sur Milan par Brescia et Bergame. L'armée fut dissoute à Milan. Les troupes du 5ᵉ corps formèrent le noyau du corps d'occupation et ne figurèrent pas à la rentrée triomphale dans Paris, pas même les zouaves de Palestro.

Nul doute que, si au lieu d'être sous les ordres du prince Napoléon le 5ᵉ corps eût été sous les ordres d'un maréchal ou d'un général ayant un nom populaire en France et dans l'armée, on eût tenu un compte plus équitable des services rendus par les troupes qui le composaient. Napoléon III ne voulait pas que son cousin, à la tête de ses troupes, eût sa part du triomphe populaire de la rentrée de l'armée d'Italie, privant ainsi injustement d'une récompense qui lui était bien due la bonne et solide division d'Autemarre dont deux des régiments avaient illustré brillamment leur drapeau. Si l'empereur refusait au 5ᵉ corps et à son chef la place qui leur appartenait dans le défilé des troupes, il prétendait, néanmoins, que son cousin y assistât comme spectateur.

Le prince Napoléon exprima son refus d'assister à cette fête dans une lettre très belle et très digne où il protestait contre la sorte de stigmate injustement infligé à des troupes qui n'avaient fait qu'exécuter avec beaucoup d'abnégation les ordres donnés et dont deux des régiments avaient combattu de la façon la plus brillante, le 3ᵉ zouaves à Palestro, le 75ᵉ de ligne à Montebello.

L'empereur et l'impératrice, à diverses reprises, tentèrent de faire revenir le prince Napoléon et la princesse Clotilde sur leur décision. Ils ne purent y parvenir. Aucun membre de la branche Jérôme ne parut au défilé ni au dîner du soir aux Tuileries, le 14 août.

L'impératrice, mécontente de l'attitude, pourtant digne d'éloges à tous égards, du prince Napoléon et de la vertueuse princesse Clotilde, ainsi que du vieux roi Jérôme, eut le tort de dire tout haut dans un mouvement d'impatience :

« L'empereur est trop bon ; si j'avais encore été régente, les choses ne se seraient point passées ainsi ! »

Qu'eût-elle donc fait?

L'histoire dira cependant que, sans la présence du 5ᵉ corps, sur la rive droite du Pô, l'armée autrichienne, renforcée des troupes considérables tenues en respect par le 5ᵉ corps, aurait très certainement, dans le courant de la campagne, pris à revers l'armée française, aurait tourné sa droite à Solférino et que peut-être se fût changée en désastre la brillante victoire qui mit fin à la guerre d'une façon si glorieuse pour la France.

TABLE DES NOMS PROPRES

Grillet, 7.
Gros-Lambert, 44.

Henry, 6, 8, 16.

Jeanjean, 7.
Jérôme Bonaparte (roi), 31, 34, 54.
Joséphine (impératrice), 3.
Joseph Bonaparte (roi), 3, 33.

Ladmirault (de), 5.
Lafouge, 7.
La Haye (de), 7.
Lapeyrouse (de), 8, 12, 14, 15, 23, 26, 35.
Le Bœuf, 51.
Le Breton, 10.
Lebrun, 50, 51.
Le Creurer, 7, 10.
L'Hérillier, 7, 8.
Ligny (duc de). Voy. Girard.
Linet, 7.

Mac-Mahon, duc de Magenta, 6, 10, 45.
Madame-Mère, 17, 32, 33.
Mademoiselle (duchesse de Parme), 31, 33, 34.
Magnan, 4, 5.
Magliano (baron), 25.
Maleville (marquis de), 36.
Maleville (comte de), 36.
Mancini, 7.
Marie-Louise (impératrice), 31, 32, 33.
Martimprey (comte de), 43.
Mathan (de), 13.
Moisey, 6.
Monseigneur (comte de Chambord), 31, 34.
Montenuovo, marquise de San-Vitale, 31, 32.
Montmarie (de), 8, 17, 44.

Napoléon (prince), 3, 6, 9, 11, 12, 14, 15, 16, 17, 18, 22, 23, 25, 26, 27, 28, 29, 31, 33, 34, 35, 45, 46, 47, 49, 53, 54.
Napoléon II. Voy. Reischtadt (duc de).
Napoléon III, 9, 11, 12, 19, 21, 23, 28, 46, 47, 49, 50, 51, 52, 53.
Nègre, 7, 11, 13.
Neipperg (comte de), 31.
Niel (comte), 8, 14, 36, 45.

Ornano (comte d'), 5, 50.
Oudinot, duc de Reggio, 23.

Ragon, 6, 41.
Randon (comte), 24, 25.
Ravel, 6.
Reille (comte), 28.
Reichstadt (duc de), 32.
Regnard, 7.
Renouard, 7.

Samuel, 7.
San-Vitale (marquis de), 31.
Séverin, 7.
Sorbiers (de), 7.
Senneville (de), 20.
Sully (Béthune, duc de), 23.
Sulseau de Malroy, 7, 11.

Tascher de la Pagerie, 3, 45.
Teulières (de), 6.
Tiersonnier, 6.
Tissier, 7.
Treville de Beaulieu (baron), 47.

Ubexi (d'), 7.
Uhrich, 5, 7, 8, 9, 11, 12, 14, 15, 23, 28, 35, 46.
Ulloa (d'), 12, 14, 15, 16, 19, 23, 26, 28.

Valabrègue (de), 9, 47.
Vaillant, 22, 23, 42, 43.
Victor-Emmanuel, 13, 20, 21, 49.

Nogent-le-Rotrou, imprimerie DAUPELEY-GOUVERNEUR.